100 Cal

硬派健身

TOUGH WORKOUT

斌卡——作品

100卡美食

100 Calories Food

CNS PUBLISHING & MEDIA 湖南文艺出版社 HUNAN LITERATURE AND ART PUBLISHING HOUSE 博集天卷 CS-BOOKY

1
—Chapter—

这么吃，
能瘦吗？

目 录
Contents

2
Chapter

这么吃，
就能瘦！

3
Chapter

完美塑形
食谱

三、随便吃 / 235

100卡美食

硬派健身
TOUGH
WORKOUT

这么吃，能瘦吗？

100卡美食

硬派健身
TOUGH
WORKOUT

你可以忍住一顿少吃，但任凭你意志再顽强，你也不可能一辈子节食，身体总会采用各种方式，逼着你更饿，更想吃！

1

一、减肥就要管住嘴?

1.节食少吃? 下一次更胖的开始!

少吃,想必是大多数人心目中减肥的第一选择。这得益于一条广为流传的减肥"金科玉律"——"减肥,你得先管住嘴!"

当然,这句话其实还有后面一半:"减肥,你还得迈开腿!"不过对大多数人来讲,少吃毕竟比多动要简单轻松多了。

然而,就是这条减肥界的"金科玉律",让很多急于瘦身的朋友陷入到节食减肥→体重反弹→再节食减肥→体重再反弹……的无限恶性循环之中。

事实上,节食并不是瘦身的一个美好终点。恰恰相反,它是你体重反弹的起点。只要你选择了节食,就意味着你选择了变得更胖,选择了更容易胖的体质。

在之前"硬派健身"的两本书里,我们多次强调过:大量数据表明,节食减肥的人,最终在长时间内(≥4年),体重都会恢复到接近节食前;并且,至少有40%以上的节食者,体重反弹至比节食前更高!

比如其中一项研究就发现:尝试节食减肥的肥胖受试者虽然一开始体重平均降低了21.1千克,但5年后,他们的平均体重反弹到比节食减肥前还要多3.6千克!这还不算其中65%的人又进行了至少一次的额外节食![1]

1 Foster, G. D.,Wadden, T. A., Kendall, P. C. , Stunkard, A. J., & Vogt, R. A. Psychological effects of weight loss and regain: A prospective evaluation. *Journal of Consulting and Clinical Psychology*,1996, 64(4): 752–757.

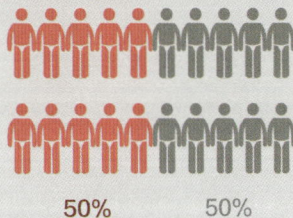

节食减重后，所有人的体重都反弹了，其中一半人比节食前还重了5千克。

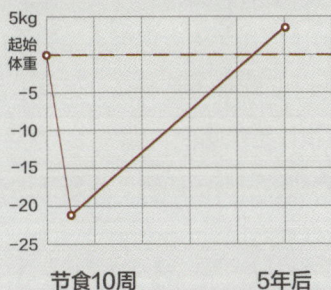

也就是说，采用节食这一减肥方式，5年后不但没有帮他们成功控制体重，反而越减越重，相比节食时减掉的体重，他们平均反弹了24.7千克之多！

为什么节食不减肥，反倒让你越减越肥？总的来说，可以归结于以下几方面：节食让你更容易暴食，还会扰乱你的激素分泌，降低你的基础代谢！

2.节食少吃，错在哪儿？

● 一日吃不饱，你行；一辈子吃不饱，你行吗？

节食过的朋友可能都经历过这样的一刻：为了减肥，你晚餐只吃了点水煮白菜；饭后，你一边觉得意犹未尽、腹内空空，一边也为自己的毅力和自控力沾沾自喜，幻想着自己瘦身成功的美好未来。

而意志与食欲的较量，终于在临睡前或一两天后，当你看到外卖广告或美食节目的那一刻，达到了高潮。

最终，不知为何，毅力败给了本能……你再也控制不住体内的洪荒之力，一发不可收地打开冰箱一通狂吃……

然后，在经历连续几次节食和暴食反复后，你的身心不堪重负、情绪失控、精神濒临崩溃……你以为节食减肥是靠意志力就能够解决的问题，但其实，节食就像憋气一样，不单靠意志，更和你的身体本能密切相关。

你可以短时间内靠着意志力憋气一分钟，但任凭你意志再顽强，你也不可能憋上三十分钟……你可以忍住一顿少吃，但任凭你意志再顽强，你也不可能一辈子节食，身体总会采用各种方式，逼着你更饿，更想吃！

更麻烦的是，长期节食还会引发一系列精神层面的问题，比如让你有进食障碍：贪食症、暴食症、厌食症……再也不会好好吃饭！

这种情况并不少见，很多大家熟悉的名人都患有进食障碍：苹果公司创始人乔布斯、著名歌星卡伦·卡朋特、美丽的戴安娜王妃等等，都曾被进食障碍所折磨……

所以下面，我们就分别来说说这些让人头疼的进食障碍。

痛苦的轮回——贪食症（bulimia nervosa）

神经性贪食症，简单讲，就是节食期间突然暴食，然后又通过吐掉、服用泻药等方式尝试排空食物的一种病症。

说起神经性贪食症，不得不提与这个疾病关系很大的一个名人，那就是苹果公司创始人——史蒂夫·乔布斯。

大家都知道，苹果公司的logo（标志）相传来自乔布斯年轻时常去的苹果园。而据那座苹果园的老板抱怨，乔布斯总是把所有的饭都吃掉然后再吐出去……

乔老爷子之所以会有这种行为，就是因为患有神经性贪食症。

贪食症成因大多和患者为了达到某种目的（减轻体重或其他原因），通过主观强迫努力，忽视自身生理需求，克制进食有关[1]。

而长期克制节食，是最容易造成神经性贪食、暴食的。

克制进食者在节食后，由于体内相关激素（比如胰岛素）分泌紊乱等，身体

---

1 Herman, C.P., & Mack,D. Restrained and unrestrained eating. *Journal of Personality*,1975, 43(4): 647–660.

和大脑会显著增加对高热量、高糖、高脂肪食物的喜好。

另外，贪食症患者由于多会采用泻药、催吐等"补偿措施"，虽然体形可能正常，但会导致一些其他病症：比如牙齿和牙龈问题，肌无力和心律不齐问题，以及消化问题（如便秘），等等。

那么贪食症患者的主要表现都有哪些呢？

自测：贪食症患者的主要表现

根据精神病学界权威的《精神疾病诊断与统计手册》第五版（DSM-5）的诊断标准[1]，下面一些指标可以用于识别贪食症。

1. 周期性暴食

·短时间内暴食：短期内（如两个小时里）大量进食，并且摄入量远超出大多数人正常情况下的进食量，进食速度也特别快；

·难以控制进食欲望：发病期间，患者对于吃什么和吃多少都无法控制，常常食不知味，只是机械性地往嘴里塞食物，且偏爱高热量的垃圾食品，一直吃到腹胀难以忍受为止。

2. 周期性暴食后弥补行为

暴饮暴食后因担心体重增加，会反复采取弥补行为，如自我诱发呕吐、使用泻药、利尿剂或完全禁食、进行过度运动等。

3. 持续出现

暴饮暴食和弥补行为平均每周发作至少两次，至少持续三个月。

4. 对体重非常介意

患者以瘦为美，担心肥胖，对自我的评价很大一部分来自体重和身材的描述。

1 American Psychiatric Association. Diagnostic and statistical manual of mental disorders(DSM-5). Arlington,VA: American Psychiatric Association Publishing, 2013.

想瘦而适得其反——暴食症（binge eating disorder）

暴食症，表现症状为无法控制地进食大量食物，并因为暴食而感到悔恨[1]。

研究表明，经常节食的人，极其容易产生暴食症！

有朋友可能觉得，暴食症看起来与贪食症很像，但暴食症患者一般不会像贪食症患者一样吃完后催吐，这也是暴食症患者体重更重，大多有超重、肥胖问题的原因。

危害你的生命——厌食症（anorexia）

相对于贪食症和暴食症的"吃太多"，进食障碍的另一个极端"吃太少"——神经性厌食症，就更有杀伤力了！

神经性厌食症有多可怕？可不单单是瘦成竹竿没人形，也不单单是吃太少各种营养不良，厌食症还是全球致死率最高的精神疾病！没错，比抑郁症还要严重。

有数据表明：厌食症的死亡率高达20%！而这些年，这个数据还在不断上升中。

厌食症的致死原因，或为大幅度体重降低，或为自杀。此外，厌食症还可能造成其他各种身心问题：比如心脏病、月经紊乱或闭经、不孕、发育迟滞、大脑和神经损害、癫痫、感觉丧失、贫血等等。

那么厌食症患者又有哪些主要表现呢？

自测：厌食症患者的主要表现

同样，根据精神病学界权威的《精神疾病诊断与统计手册》第五版（DSM-5）的诊断标准[2]，下面一些指标可以用于识别厌食症。

1. 体重明显下降

通常患者的体重与标准体重相比，会低至少15%。

---

1 Gearhardt, A. N., White, M. A., & Potenza, M. N. Binge eating disorder and food addiction. *Current Drug Abuse Reviews*, 2011, 4(3): 201-207.

2 American Psychiatric Association. Diagnostic and statistical manual of mental disorders(DSM-5). Arlington, VA: American Psychiatric Association Publishing, 2013.

另外，那些原本肥胖，但短时间体重骤减，还没降至低于正常值15%的人，也应纳入厌食症的高危人群范围。

2. 对体重的认知歪曲

患者会表现出对体重增加或变胖的高度恐惧，甚至有的人已经明显消瘦了，仍认为自己太胖，并且对体重过低的危害性不以为意。

3. 厌食后贪食，贪食后又出现补偿行为

由于长期饥饿，患者对食物的强烈欲望会间歇性爆发。

但进食后，患者又会自觉采取补偿行为，包括但不限于：

· 自我催泻、催吐；

· 过度疯狂运动；

· 服用泻药。

此外，暴食行为通常都是秘密进行的，因此，患者往往回避集体聚餐。

4. 内分泌失调

由于营养不良及精神病态，女性患者会出现闭经症状——至少连续三个月不来大姨妈；而男性则可能有性欲减退及阳痿的表现。

若是青春期前发病，患儿的发育则会放慢，甚至停滞。

5. 其他症状

除了上面这些症状，患者还可能出现皮肤干燥、怕冷或手足冰凉，经常感觉疲倦、虚弱、眩晕等情况。

此外，神经性贪食症和厌食症还有可能会引发严重的心理疾病和其他社会适应不良行为，比如：抑郁、性滥交、偷窃、酒精和药物滥用等，绝对不能轻视！

● 过度少吃，让你变成易胖体质！

很多减肥的朋友，都羡慕那种怎么吃都吃不胖的瘦子。天生吃不胖很大程度上是由体质决定的，不过你知道吗？节食在一定程度上也会改变你的体质，会让你从普通体质变成怎么吃都容易胖的易胖体质。

比如一项实验中，科学家让一群人通过少吃来减重，同时还测试了这些人在

节食后体内两种和体重调节密切相关的激素水平变化：其中一种是让人瘦的"瘦素"，另一种是让人胖的"脑肠肽"。

结果发现，受试者在节食后，体内这两种激素水平产生了极大的变化[1]。

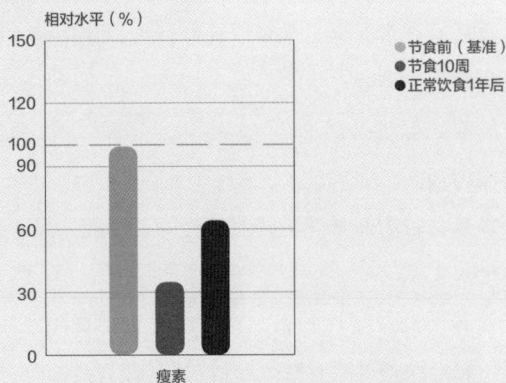

节食对体重调节相关激素的影响

节食使得瘦素（有助于变瘦）水平降低，即使一年后也不能恢复，而促使你变胖的脑肠肽却上升了，一年后也未能降下来。这两者的综合作用使节食者长期处于变胖的趋势。

可以看到，刺激饥饿感、加速胃排空和胃酸分泌，导致你食欲增长的"脑肠肽"，在10周节食干预后，上涨了50%之多！

而负责抑制脂肪细胞合成、控制食欲、调节体重的"瘦素"，在10周节食干预后，下降了三分之二！

脑肠肽升高，瘦素降低的变化，代表着你的身体正全面往长胖的方向发展，受这两种激素影响，你会觉得更饿、更想吃高热量食物、身体更容易囤积脂肪，胖得更轻松。

1 Sumithran, P., Prendergast, L. A., Delbridge, E., Purcell, K., Shulkes, A., Kriketos, A., & Proietto, J. Long-term persistence of hormonal adaptations to weight loss. *The New England Journal of Medicine*, 2011, 365(17): 1597-1604.

节食对体重调节相关激素的影响

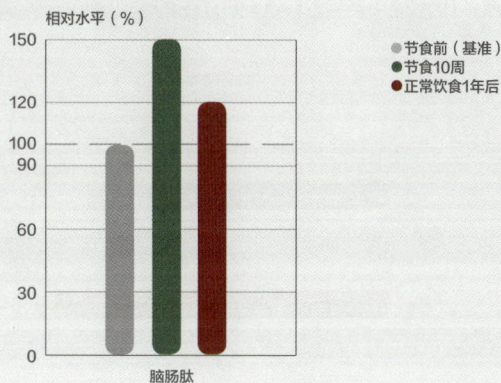

相对水平（%）

- ●节食前（基准）
- ●节食10周
- ●正常饮食1年后

脑肠肽

更可怕的是，节食导致的激素变化，在节食结束后，还持续影响着你，让你长胖……

还是上面的研究，科学家发现，即使受试者恢复了正常饮食，一年后，他们的激素水平仍没有回归正常，身体依旧比节食前更容易发胖[1]！

也就是说，你一旦节食，身体就会启动长胖模式，即使在你停止节食后，身体也会比节食前更容易胖。

● **少吃，让你代谢受损，每天消耗更少热量！**

基础代谢指静息状态下维持生命所需的最低能量消耗。简单说，就是你不吃不喝不动弹，躺那儿也会消耗掉的热量。

基础代谢是你日常热量消耗的大头，对你的健身减肥具有很重要的意义。一个人的基础代谢越高，意味着他日常的热量消耗越多，相对就越容易瘦。

1 Steen, S. N., & Brownell, K. D. Patterns of weight loss and regain in wrestlers: has the tradition changed?. *Medicine and Science in Sports and Exercise*, 1990, 22(6): 762-768.

100卡美食
硬派健身
TOUGH
WORKOUT

1
Chapter

012

而研究发现，节食会降低你的基础代谢，让身体消耗更少热量，更难瘦。

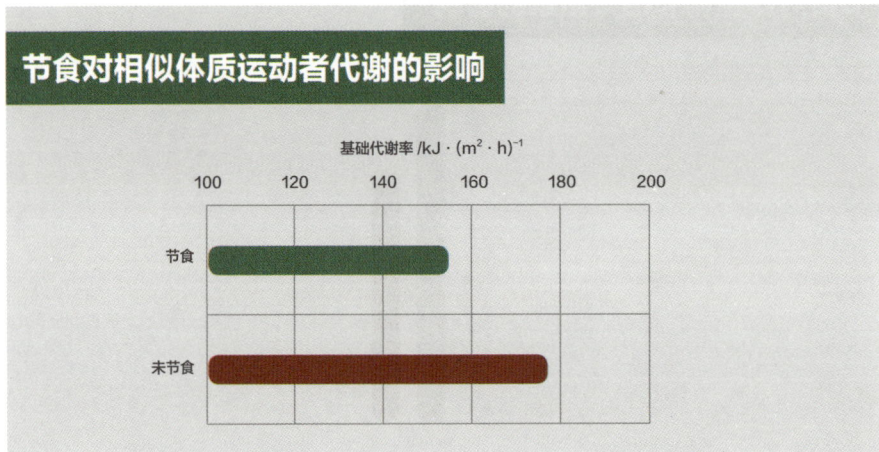

节食对相似体质运动者代谢的影响

基础代谢率 /kJ · (m² · h)⁻¹

$$基础代谢率 /kJ \cdot (m^2 \cdot h)^{-1}$$

	100	120	140	160	180	200
节食						
未节食						

数据表明，相同身高体重、相似体质（肌肉含量相近）的运动者，节食者的基础代谢率要明显低于未节食者！

这就意味着，吃同样的食物，节食者由于热量消耗更少了，反而更容易囤积脂肪，更容易胖！

举个例子：节食前，你一天的基础代谢能到1500大卡，加上其他一些活动消耗的，一天吃1800大卡能保持收支平衡。

后来你因为节食，基础代谢降低到1200大卡，少了300大卡。

这个时候你再恢复正常饮食，摄入量不变，支出还是少了300大卡，吃一样的分量，自然更容易长胖咯。

这也是节食者容易复胖和反弹的主要原因之一。

● **那些年，我们"瘦"过的伤**
  从"头"开始，被"节食"吃掉的脑子

先来做道理财题：

假设你是个北漂，省吃俭用好几年，存了20万准备买套房（就举个例子，不用在意这个具体的金额）。

现在你一个月薪资5000元，一半用来付房租、水电、吃饭、通勤；一半用来日常社交娱乐，日子过得还挺惬意。

然后你看中一份喜欢的新工作，但薪资低，一个月只有3000元，为买房你肯定不能动存款，怎么办呢？

房租水电什么的肯定不能少，我想大部分人的第一选择，应该就是把日常能节省的交际娱乐砍下一大块：少去高级餐厅，在家开伙；少去看电影，在家看电视……

有人说了，不是谈节食伤脑吗？为什么要算账？

因为节食也是一样的道理啊！你的身体，其实就是一位非常精明的账房先生。

我们把这笔账代入你的节食减肥过程中：节食前，你一天摄入2000大卡（赚钱），消耗支出也差不多2000大卡（花钱），收支平衡，然后有多余的脂肪储备10多斤（储蓄）。

你觉得自己太胖，开始少吃节食，一天只摄入500大卡（换工作了）。

于是身体瞬间压力就大了！几十万年的进化结果告诉它，脂肪是很有用的储备，轻易不能动用脂肪，必须得做点什么！

储蓄不能轻易动用，赚得少了，自然要少花咯。

于是身体只好把日常的消耗也尽可能地减少，控制在1000大卡内，让你只能基础地好好活着（只留房租、水电开销），这其中节省的消耗，就包括你的智商。

一项来自英国伦敦国王学院纳尔逊博士主导的研究表明：在595名年龄11到18岁的年轻女性研究对象中，由于节食导致的铁元素缺乏，大大降低了用此方法减肥的年轻女性的智商[1]。

另外，还有研究发现，65岁以上的老人，如果节食也更容易发生认知障碍。

这在一定程度上说明，节食减肥的害处，不分年龄段！

1 Goudarzi, A. , Mehrabi, M. R. , & Goudarzi, K. The effect of iron deficiency anemia on intelligence quotient (IQ) in under 17 years old students. *Pakistan Journal of Biological Sciences*: Pjbs, 2008, 11(10): 1398-1400.

下半身一凉：性功能受损！

前面我们说到，节食会扰乱你身体里瘦素和脑肠肽的分泌水平，让你变成易胖体质。

事实上，除了那两个激素，人体其他很多激素水平，也都依赖于正常的饮食摄入和体脂水平。

所以当你做出一些极端的节食行为后，体内很多相关的内分泌代谢水平，也都会出现紊乱。

尤其是一些性激素，和体脂密切相关，更容易受到节食影响。

比如女性，我们都知道：严重的节食会导致女生不来月经，甚至脱发秃头！一些数据表明，体重体脂与月经周期密切相关，当体重低于标准的5%~10%时，月经周期就可能出现紊乱；而当低于标准的15%时，月经可能就不来了！

对男性来说，节食更是会导致其睾酮含量降至阉割水平！[1]

看到这里，是不是觉得自己的下体一凉呢？

3.过度节食，究竟吃多少算过度？

都说"离开剂量谈毒性，那是要流氓"；同样，离开"进食量"谈节食，也是要流氓！并不是所有的少吃都等同于节食，所以到底吃多少，才算节食呢？

事实上，目前学界对节食的定义并没有一致的认同标准。

我个人认为，正常体重的人，在中长期时间内（>1周），每天摄入的热量少于自己的基础代谢率，就可以算作"节食"了。

（下页表格是比较适合国人基础代谢率的毛德倩公式，附带一个日常代谢的简单计算公式：基础代谢*活动因数，大家可以自己算算。）

---

1 Friedl, K. E., Moore, R. J., Hoyt, R. W., Marchitelli, L. J., Martinez-Lopez, L. E., & Askew, E.W. Endocrine markers of semistarvation in healthy lean men in a multistressor environment. *Journal of Applied Physiology*, 2000, 88(5): 1820-1830.

基础代谢表(女)

体重 （千克）	基础代谢率 （千卡／天）	体重 （千克）	基础代谢率 （千卡／天）	体重 （千克）	基础代谢率 （千卡／天）	体重 （千克）	基础代谢率 （千卡／天）
50	1186	59	1276	68	1366	77	1456
51	1196	60	1286	69	1376	78	1466
52	1206	61	1296	70	1386	79	1476
53	1216	62	1306	71	1396	80	1486
54	1226	63	1316	72	1406	81	1496
55	1236	64	1326	73	1416	82	1506
56	1246	65	1336	74	1426	83	1516
57	1256	66	1346	75	1436	84	1526
58	1266	67	1356	76	1446	85	1536

基础代谢表(男)

体重 （千克）	基础代谢率 （千卡／天）	体重 （千克）	基础代谢率 （千卡／天）	体重 （千克）	基础代谢率 （千卡／天）	体重 （千克）	基础代谢率 （千卡／天）
60	1401	69	1506	78	1610	87	1714
61	1413	70	1517	79	1621	88	1726
62	1425	71	1529	80	1633	89	1737
63	1436	72	1540	81	1645	90	1749
64	1448	73	1552	82	1656	91	1761
65	1460	74	1563	83	1668	92	1772
66	1471	75	1575	84	1679	93	1784
67	1483	76	1586	85	1691	94	1795
68	1494	77	1598	86	1703	95	1807

毛德倩公式（20~45岁）

毛德倩公式（20～45岁）： 男：[48.5× 体重（千克）+2954.7] /4.184

女：[41.9× 体重（千克）+2869.1] /4.184

活动因数表

生活工作方式	职业或人群	活动因数
长期休息、卧床	老年人或卧床患者	1.2
久坐生活工作方式，无体力劳动	办公室职员	1.4~1.5
常坐生活方式，有时走动或站立	学生、司机、装配工人	1.6~1.7
站、走的生活工作方式	家庭主妇、销售人员、交易员、接待员	1.8~1.9
重体力生活方式或工作方式	建筑工人、农民、矿工、运动员	2.0~2.4
有明显的体育运动（每周 4~5 次，每次 30~60 分钟）		+0.3

也就是说，只有长期进食少于基础代谢率的，才算节食。

你因为身体不适，一顿饭少吃，不算节食；对于长期热量摄入超标的人，改变不良的饮食习惯，合理进食，也不算节食。

二、变相节食，饮食技巧也不管用

1.过午不食，能瘦吗？

说到节食，不得不再提两嘴近两年在养生圈和减肥圈被传得神乎其神的间歇性禁食。据民间传闻，间歇性禁食具有排毒、减肥、有利心脏健康等"十全大补"的功效。

什么是间歇性禁食？简单说，就是指在一定时间里少吃或不吃，其他时间则正常吃饭的饮食方式。

> 节食与间歇性禁食：
> 节食：一般是指中长期时间内（>1周），每天摄入少于自己基础代谢的热量；
> 间歇性禁食：大多是指短时间内（一般<24小时）不吃或极度少吃，其他时段正常吃。

短时间少吃或不吃，其他时段正常吃，最常见的就是过午不食；还有效仿穆斯林的习俗，在一段时间内，从日出到日落不吃任何东西的斋月减肥法，也可以看作间歇性禁食。

那么，间歇性禁食的减肥效果又如何呢？

科学家通过研究发现，虽然短期内，过午不食和斋月减肥法的确能在一段时间内减轻体重，但长期看，并没有什么实际减重意义！

一项研究中，学者找了43个身体健康的受试者，让他们进行一个月的斋月减肥法（总热量摄入和以往不变），结果发现他们的体重和体脂居然都有所下降[1]。

1 Syam, A. F., Sobur, C. S., Abdullah, M., & Makmun, D. Ramadan fasting decreases body fat but not protein mass. *International Journal of Endocrinology & Metabolism,* 2016,14(1).

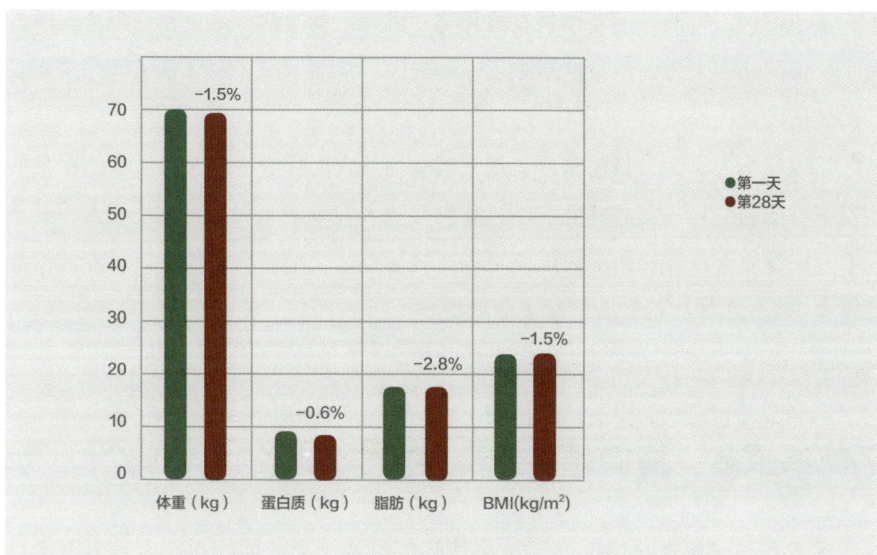

看起来这种方式减重有奇效？不要着急，科学家又接着观察了他们一段时间，结果发现斋月结束后的4~5周，保持原样饮食的参与者，体重全部反弹上升了[1]。

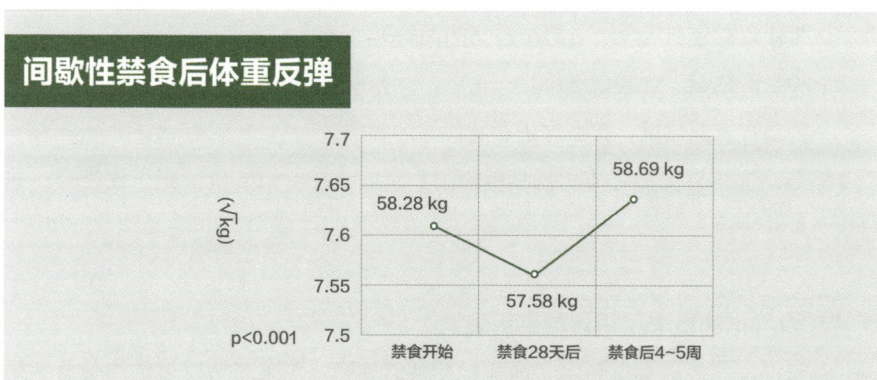

间歇性禁食后体重反弹

也就是说，间歇性禁食这种饮食策略（即使和非禁食时吃得一样多），虽然短期内的确能让你瘦，但长期看还得长回来，而且长回来的更多！

1 Clegg, M. E., & Cooper, C. (2013). Exploring the myth: Does eating celery result in a negative energy balance?. *Proceedings of the Nutrition Society*, 71(OCE3), E217.

至于原因，可能是间歇性饮食这种非"常规"的生活方式，在一定范围内打破了身体的基本平衡，给身体带来了"挑战"，从而引发了身体各方面深层而复杂的变化。

所以我个人认为，目前来看，把"间歇性禁食"作为一种医疗手段，在某些情况下可能的确有一定的好处。不过我们普通人为减肥而采用间歇性禁食，其实和节食的性质有点像：短期内可能可以减轻体重，长期看恢复饮食后反弹的可能性很大！还是健康生活和心态端正最重要。

2.吃得越多，瘦得越多？真有负卡路里的食物吗？

常看各种健康类文章的朋友，估计都接触过一个名词，叫作"负卡路里食物"。大致意思是说，这种食物，吃下去不仅没有热量，反而还会吸收你的热量，从而达到越吃越瘦的目的。

我们常见的网络文章中介绍的负卡路里食物有芹菜、葡萄柚等等。从原理上讲，这两种食物分别代表负卡路里食物的两种类型。

一种是低热量、高膳食纤维。

一种是含有低热量、含有促进新陈代谢的物质。

那么，这两类食物真的能越吃越瘦吗？真的存在所谓的负卡路里食物吗？我们分别来看一看。

● 高膳食纤维的负卡路里食物有用吗？

首先说说芹菜这类低热量、高膳食纤维的食物。芹菜之所以被认为是负卡路里食物，主要有两方面原因：自身热量较低，同时由于膳食纤维含量较高，身体不能完全消化吸收其热量。

我们日常摄入的食物并不是100%被吸收成热量的。吃下去的食物热量一般分为三个部分：人体吸收的热量、废弃的热量和食物热效应。

所谓"废弃的热量"，就是没消化直接排出去的部分。类似芹菜这种高膳食纤维的食物，由于不好消化，废弃率相对就高一点。当然，更常见的是 see you tomorrow——金针菇。

不过，即使是芹菜，其实也不是负卡路里。

一项实验测量了食用芹菜的受试者前后的静息代谢变化，结果发现：一般来讲，每100克芹菜含有热量16大卡，被人类摄入后，实际为人体提供了 2.24大卡左右热量。很低，但并不是负的 。

顺便强调一下食物热效应。"食物热效应"是指你吸收和代谢卡路里的时候消耗的热量。通常来讲，脂肪的食物热效应在5%左右，碳水也是5%左右，蛋白质则高达30%~40%。

> 食物热效应（TEF）：指身体消化吸收某种食物所需要消耗的热量。食物热效应越高，代表你吃该食物时消耗的热量越多。

所以我们一直说，吃同等热量的情况下，蛋白质含量高的更减肥，因为食物热效应高，不易有多余的热量。另外，很多人也发现，他们吃高蛋白的食物之后，全身燥热，这也是食物热效应的锅。

● **提升基础代谢的负卡路里食物有用吗？**

另一类负卡路里食物的代表是葡萄柚。因为葡萄柚中的柚皮素可以提高新陈代谢，所以也被认为是负卡路里食物，黑咖啡也一样。

实际上，在运动的情况下，摄入能提高新陈代谢的食物，确实可以在运动中和运动后促进脂肪代谢[1]。

---

1 Astorino, T. A., Martin, B. J., Wong, K., & Schachtsiek,L. Effect of acute caffeine ingestion on EPOC after intense resistance training. *The Journal of Sports Medicine and Physical Fitness*, 2011, 51(1): 11–17.

咖啡因对运动中消耗与摄入的影响

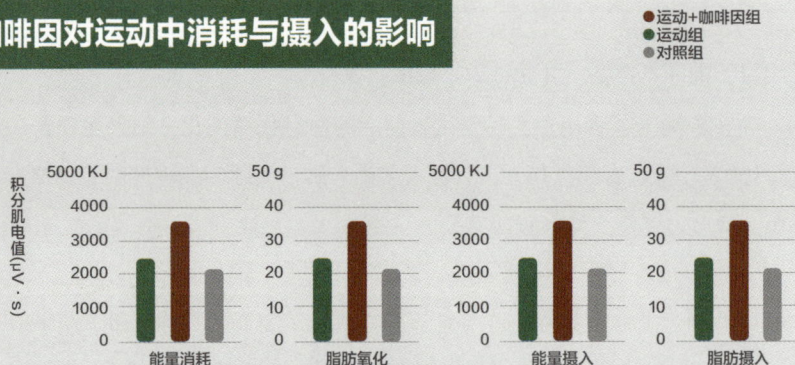

- 运动+咖啡因组
- 运动组
- 对照组

积分肌电值(r·V·s)

5000 KJ / 4000 / 3000 / 2000 / 1000 / 0 — 能量消耗
50 g / 40 / 30 / 20 / 10 / 0 — 脂肪氧化
5000 KJ / 4000 / 3000 / 2000 / 1000 / 0 — 能量摄入
50 g / 40 / 30 / 20 / 10 / 0 — 脂肪摄入

咖啡可以促进运动中脂肪和能量的消耗

咖啡因对力量训练热量消耗的提升

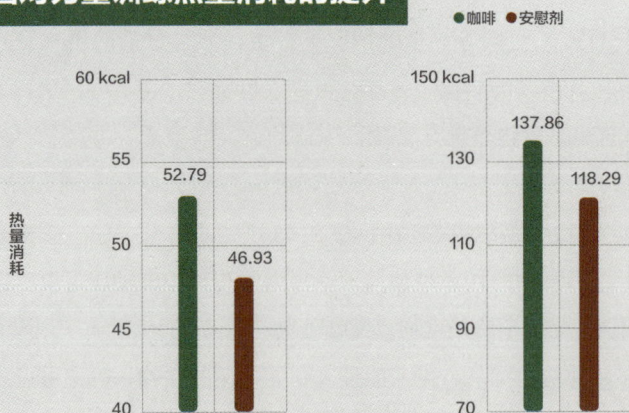

- 咖啡
- 安慰剂

热量消耗

60 kcal / 55 / 50 / 45 / 40 — 52.79、46.93

150 kcal / 130 / 110 / 90 / 70 — 137.86、118.29

咖啡可以明显提升运动中和运动后的脂肪燃烧

　　但前提是运动，如果你坐着不动，吃那些提高基础代谢的食物对你的减肥效果其实微乎其微。

　　哈佛大学公共卫生学院的研究人员曾做过一项调查研究，结果发现日常饮用咖啡的人，体重只会比不喝咖啡的人低1磅左右。这是一个非常小的数字，基本不具有任何减重的参考意义。

导致这种结果的原因，可能是日常饮用咖啡虽然增加了身体的脂肪分解，但也促进了身体中皮质醇等激素的分泌，最终促使体重维持在一个相对均衡的水平。

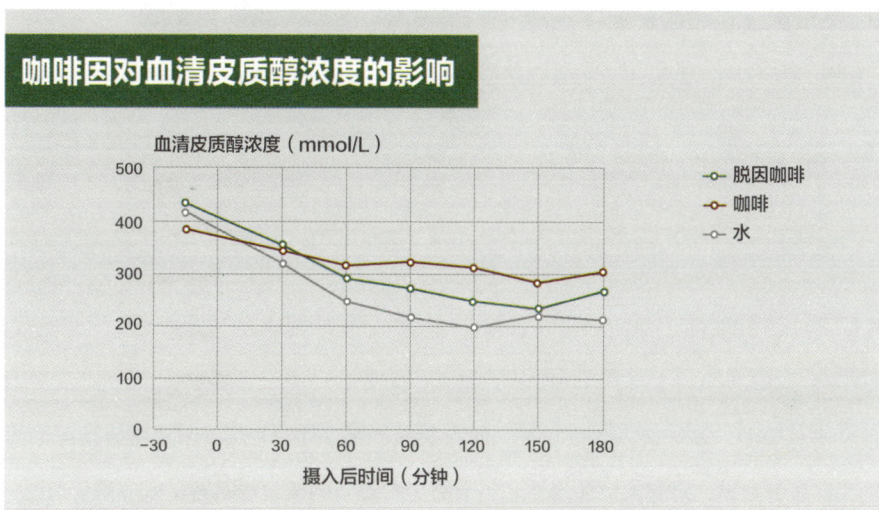

咖啡因对血清皮质醇浓度的影响

可以看到，对比脱因咖啡和水，饮用咖啡最终导致了血清中皮质醇浓度的上升。而长期、慢性的皮质醇浓度上升，是会影响到体重的[1]。

所以这种提高代谢类型的补剂，只有在运动的情况下才有比较好的作用，"躺瘦"什么的，不太可能。

● 吃负卡路里食物更减肥吗？

最后来说说大家最关心的，日常多吃这类"负卡路里食物"对减肥有帮助吗？

1 Gavrieli, A., Yannakoulia, M., Fragopoulou, E.,Margaritopoulos, D., Chamberland, J. P., Kaisari, P., ... & Mantzoros, C.S. Caffeinated coffee does not acutely affect energy intake, appetite,or inflammation but prevents serum cortisol concentrations from falling in healthy men. *The Journal of Nutrition*, 2011, 141(4): 703-707.

一项研究将所谓的负卡路里食物（NCD）和传统的低热量食物（LCD）进行了对比。两组受试者摄入相近的总热量，看看哪一组更减肥。

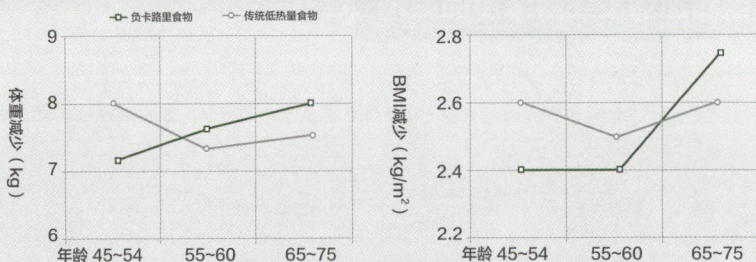

传统低热量食物与负卡路里食物的减重效果没有差异

结果表明：在实验结束后，两组受试者组间的体重减轻和BMI（体重指数）减轻没有显著差异。研究人员认为，"负卡路里食物"的概念没有意义或应用价值[1]。

所以总结一下：

1. "负卡路里食物"是一个生造出来的概念，实际并不存在。即使某些极端例子下的负卡路里食物，也并没有实际应用价值（比如0℃的冰水混合物）。

2. 多数常见的负卡路里食物，在同等热量下，并不比其他食物更减肥。

3. 当然，负卡路里食物可以提升饱腹感，让你少吃高卡路里的东西，这对减肥是很有帮助的。我们还是建议适量多吃西红柿、生菜、芹菜等蔬菜。不过，负卡路里食物的组成相对比较单一，营养不均衡，不建议全部饮食都由其构成，还是要吃一些蛋白质、脂肪、碳水等提供热量和营养的食物。

1 Rezaeipour, M., Apanasenko, G. L., & Nychyporuk, V. I. Investigating the effects of negative-calorie diet compared with low-calorie diet under exercise conditions on weight loss and lipid profile in overweight/obese middle-aged and older men. *Turkish Journal of Medical Sciences*, 2014, 44(5): 792-798.

3.少吃多餐能减肥？没准让你吃更多！

曾经，"少吃多餐更减肥"几乎成了既想要好身材，又贪吃的同学们心中不二的铁律。

但少吃多餐真的更有助于减肥吗？

当然不是！且不说你做得到"多餐"，却不一定能做到真正地"少吃"，即使你真的"少吃多餐"了，可能也根本没啥减肥效果！

● 大多数人多餐了，却没少吃！

少吃多餐的操作方法其实很简单，就是同样的饭量，不一次性吃完，而是分成多次来吃。

但说着简单，实际上手却不是那么回事儿了。比如，如果你正常情况下的进食频率是一天3顿，少吃多餐后就可能变成一天6~8顿，进餐的频率变高了，多进食的可能也同样变高了，结果做到了多餐，却没做到少吃，反而导致摄入过多热量。

● 真的做到少吃多餐，也没用！

你可能会反驳我说：我少吃多餐的时候，每顿的进食量都是提前估算好了的，不会像你说的那样多吃，是真的少吃多餐！这总能减肥了吧？

不幸的是，就算你真的做到每顿都少吃，还是对你的减肥没有任何帮助。

至于原因，这就得从提倡"少吃多餐"的人，认为这种方法具有的几大好处说起了：提高基础代谢？提高食物热效应？降低食欲？

少吃多餐，提高基础代谢、增加热量支出？

研究发现，你自身的新陈代谢水平，并不会因为进食时间和单次进食量的不同而有多大影响。

在总摄入量不变的情况下，一天吃两顿和一天吃5、6、7、8顿，对你的基础代谢毫无影响[1]!

《英国营养学》杂志在2010年也发表过相似研究：总热量相同的情况下，一天三餐和一天六餐对体重的影响并无差异；2014年英国华威大学的另一项研究也发现：一天吃两餐和一天吃五餐的女性，其新陈代谢并无差异。

所以少吃多餐，并不能提高你的基础代谢、增加你的热量支出！

少吃多餐，提高食物热效应？

如果少吃多餐真能提高食物热效应，那就意味着只要你把一样东西掰开分成多次吃，它被身体吸收的热量就会越来越低，然后当你把它掰成无限份的时候，它每份的热量就接近于零？

想想觉得很美好？可惜早在1990年，就已经有研究表明，当你吃的是等量的食物时，身体消化它们所需要的热量，和你分几次吃并没有任何关系[2]!

少吃多餐，降低食欲？

少吃多餐降低食欲的美好猜测基于：如果你高频率地在进食，嘴巴一直得到满足，那食欲自然就可以得到很好的控制。

悲剧的是，有研究表明，进食频率高，不但不会有效抑制你的食欲，反而可能让你的食欲更旺盛，更想吃[3]!

一项实验中，科学家找来一群身体健康的成年人，将他们随机均分为两组，进行为期3周总热量相同，进食频率不同的饮食干预。

1 Taylor, M.A. Garrow, J.S. Compared with nibbling, neither gorging nor a morning fast affect short-term energy balance in obese patients in a chamber calorimeter. *International Journal of Obesity & Related Metabolic Disorders: Journal of the International Association for the Study of Obesity*, 2001, 25(4):519-528.

2 Kinabo,J.L.,Durnin, J.V.Effect of meal frequency on the thermic effect of food in women. *European Journal of Clinical Nutrition,*1990, 44(5): 389-395.

3 Martine M Perrigue, Adam Drewnowski, Ching-Yun Wang, and Marian L Neuhouser.Higher Eating Frequency Does Not Decrease Appetite in Healthy Adults.*The Journal of Nutrition,* 2016,146(1): 59-64.

对照组：采用标准的一日三餐；

少吃多餐组：一天进食八餐。

然后评估了他们在这两种饮食方式后，饥饿感、进食欲望等相关食欲水平的变化。

进食频率对饱胀感的影响

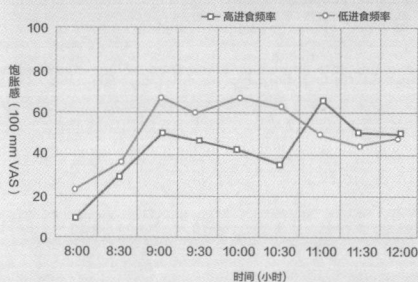

进食频率对想吃东西的欲望的影响

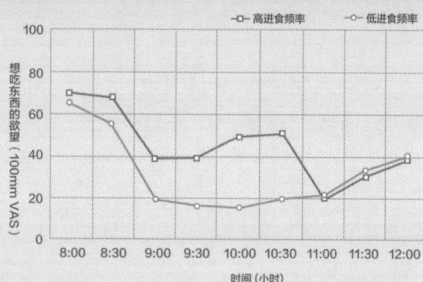

进食频率对饥饿度的影响

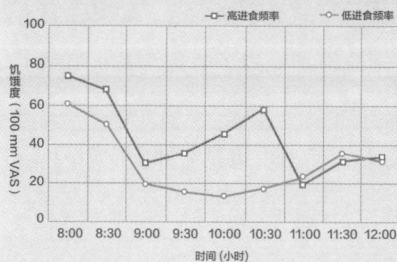

进食频率对食欲总得分的影响

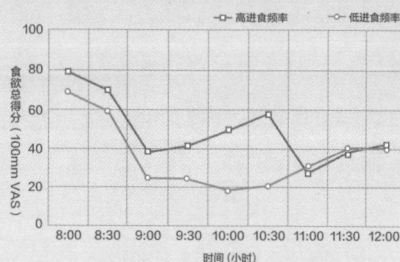

结果发现，总热量一致的前提下，更高的进食频率，居然导致更容易饿，更想吃东西，综合食欲更旺盛[1]！

1 Martine M Perrigue, Adam Drewnowski, Ching-Yun Wang, and Marian L Neuhouser.Higher Eating Frequency Does Not Decrease Appetite in Healthy Adults.*The Journal of Nutrition*, 2016,146(1): 59-64.

也就是说，吃的频率越高→越想不停地吃下去→吃的次数更多→吃的量也更多→可能胖得更快。

所以说，要想减肥，从饮食方面来说，少吃多餐并没有什么好处，因为一个馒头就算掰成八块吃，你吃下的还是一个馒头的热量，而且说不定中途还因为控制不住食欲，不知不觉又多吃了很多，还不如就老老实实一顿吃饱呢！

4.摄入＜支出，精打细算卡路里就能减肥？

话说，很多朋友自打开始运动减肥，面对吃这个问题，都性情大变，变得各种精打细算、处处斤斤计较。

比如开始这个不吃、那个不吃；比如每顿饭都想着要精确计算卡路里，每样食物进肚子前，都得上网先查清楚具体热量，甚至为了能精确到克，随身带着电子秤出去吃饭……

虽然我也能理解这种行为的背后，是大家觉得自己辛辛苦苦运动了，成果不能败在一张嘴上。

但还是得说，我们健身、减肥，本来就是为了能更好地生活。如果你因为健身减肥，反而让自己过得和苦行僧一样，甚至吃饭都变成了解数学题，那是不是和自己的初衷背道而驰了呢？！

而且你知道吗，吃得太"健康"、太"矫情"，其实也是一种病！

● **吃得太矫情，是病！**

运动减肥的朋友，如果你发现自己有一天开始变得只能吃"健康食品"或"干净食品"，而且一旦吃了自己觉得"不健康"的食物，就心情沮丧、压力山大，那你可能得了"完美食欲症（orthorexia nervosa）"。

完美食欲症，也有叫健康食品症或健康食品强迫症的，不是官方病症，但恰如其分地传达了一类人的一类行为。

不过我个人认为，这种看似追求健康和科学的饮食方式，实际上却和我家门口被张悟本骗过的老太太类似。

老太太是不想了解医学常识和科学的生活方式，只想着自己只要吃茄子、绿豆就能保平安；完美食欲症患者也一样，他们很多也是不愿意学习更科学、更靠谱的知识，只想找一个简单的"绝对正确答案"，比如我一天吃的不超过1500卡路里，或者不吃油，不吃主食，就盼望能瘦了。

然而，且不说"热量摄入＜支出就能减肥"这点，我们在本书的一开始就已经强调过并不靠谱了（比如你摄入的热量过少时，身体支出的热量也会被相应降低等等）。

就算靠谱，你认为绝对正确的卡路里计算，也会欺骗你。因为卡路里根本就是因人而异，无法被精准计算的！

● 卡路里，营养学界的地心说？

你知道吗，卡路里的计算方法，是19世纪美国化学家威尔伯·阿特沃特首先提出的，但直到现在也没有做出什么修改。

这几乎跟中世纪时，人们依照古埃及、古希腊的地心说计算星体运行一样不太靠谱。

在2013年9月的《科学美国人》杂志上，北卡罗来纳州立大学的罗伯特·邓恩教授就写了一篇很详细的关于"卡路里计算为什么是错误"的文章。

其一，不同营养素的消化过程完全不同。

比如大家最熟悉的三大营养素糖（碳水）、蛋白质、脂肪。同等重量脂肪所含的热量最高（≈9大卡/克），这就不用说了吧；即使是看起来单位热量一样的蛋白质和糖（都是4大卡/克），人体消化蛋白质，也比消耗等量糖所需的能量更高。

脂肪和糖的食物热效应在5%左右，而蛋白质的食物热效应则高达30%~40%，所以吃同样热量的蛋白质和糖时，吃蛋白质更不容易发胖。

其二，身体消化食物是有限度的。

大家知道，坚果，比如杏仁、花生等，它们营养标签上的热量，看起来都很恐怖。不过这是基于你能全部消化并吸收坚果所含所有热量的假设。

而事实是，人类并不能消化全部的坚果。邓恩教授说道，美国农业部研究员的一份研究表明，对大多数人而言，进食一份杏仁仅能获得120余卡热量而非标签上写的170余卡，同时这里面的营养对你非常有好处。

其三，即使是同一种食物，不同状态、不同烹饪方式，其热量吸收也不同。

比如同一蔬果，不同成熟度导致它们细胞壁的坚固程度不同，就会有不同的消化率。

烹饪方式也会改变食物的热量吸收，比如蛋白质和碳水化合物在加热后，由于发生降解等变化，人体能吸收的热量会更多。

另外，即使是同一食物、同一烹饪方式，被不同人摄入后，其能被消化吸收的热量，也是不同的！

因为每个人体内的肠道菌群各不相同，而不同的肠道菌群负责帮你从很多不宜消化的食物中吸收热量。

比如很多日本人的肠道中就发现了一种独特的能消化海藻的菌群，这意味着同样都是吃海藻，日本人能比体内没有这种菌群的中国人，从海藻中吸收更多热量。

说到肠道菌群，再给大家说个好玩的小知识：近几年的研究发现，肠道菌群不但会影响食物的消化吸收率，在很大程度上还决定着你的胖瘦程度。

前几年*Science*上的一项实验就表明，同样的小鼠，植入胖人肠道细菌的小鼠，体重会增长得更快，脂肪也更多；而植入瘦人肠道细菌的小鼠，则怎么吃都不容易胖[1]。

最后，即使你克服重重困难，能精准计算出卡路里了，也不代表它对你的健康或胖瘦就会产生决定性的作用！

比如同样都是热量为200大卡的可乐和鸡蛋，对你的体重和脂肪生长的影响就是完全不同的，对你健康的影响也是大相径庭。

1 Ridaura, V. K., Faith, J. J., Rey, F. E., Cheng, J., Duncan, A. E., & Kau, A. L., et al. Gut microbiota from twins discordant for obesity modulate metabolism in mice. *Science*, 2013, 341(6150): 1241214.

即使是保证热量、营养素（比如脂肪）一样的前提下，臭名昭著的反式脂肪酸、肥肉里的饱和脂肪酸、坚果里的不饱和脂肪酸，对你的心脑血管健康的影响，也是差异巨大的。

*反式脂肪酸：又名反式脂肪，被誉为"餐桌上的定时炸弹"，主要来源于部分氢化处理的植物油。最常见于蛋糕、饼干、薯条、爆米花等加工食品中。

过多摄入反式脂肪酸，会使血液中的胆固醇增高，增加心血管疾病发生的风险。

2015年6月16日，美国食品和药物监督管理局宣布，将在3年内完全禁止在食品中使用人造反式脂肪，以帮助降低心脏疾病发病率。

*饱和脂肪酸：是由饱和脂肪酸和甘油形成的脂肪，是食物中两种脂肪类型的一种（另一种是不饱和脂肪）。

膳食中的饱和脂肪酸多存在于动物脂肪及乳脂中，如肉类（主要是禽类）、黄油、奶酪、奶油和全奶等。植物中富含饱和脂肪酸的有椰子油、棉籽油和可可油。

*不饱和脂肪酸：是指至少含有一个碳−碳双键的脂肪酸或脂肪酸链。

当双键形成时，一对氢原子会被消除，因而与碳原子相结合的氢原子未达到最大值，即"不饱和"。坚果中含有比较多的不饱和脂肪酸。

不饱和脂肪酸不会增加血液中的胆固醇，脂肪的不饱和程度越高（双键数量越多），其过氧化的可能性越高，越有益于人体的代谢和健康。

● **水煮青菜、代餐粉吃到饱，就能减肥了？**

在本书一开篇，我们就详细地跟大家聊了关于"节食"这个话题。并且强调过：对大多数人来讲，节食，并不能让你拥有理想的身材！

然而，估计有不少"聪明"的同学会说：假如我不节食呢？我该吃吃，到点就吃，而且吃的量一点不比别人少。只是选择吃热量很低的食物，比如水煮青菜蘸酱油，又或者几乎没有热量的魔芋粉、代餐粉等等。这些食物热量低，但是分量体积大啊，这样我既能塞饱肚子，不会觉得饿，摄入的热量又超低，岂不是就一定能瘦了？

呵呵，你们太天真了！这点小伎俩，骗骗你的胃还可以，但如果你的大脑真的那么"蠢"，这么轻松就被骗过了，那人类这个物种早灭绝了。

而且如果这样就能减肥，那减肥岂不是超级容易，这世界上还会有瘦不下来的人吗？

要知道，你的身体是很精明的：吃下去的东西不会轻易吐出来，欠它的热量就一定要吃债吃偿！

口说无凭，有科学家就专门找了一群身体状态接近的健康年轻人，做了一个相关的随机双盲交叉实验：这些年轻人被要求吃两份无论是味道、质地还是外形都一样的食物，区别仅在于食物的能量密度大大不同[1]：

EB组：摄入的食物热量足以维持自己一天的代谢所需；

ED组：摄入的食物热量仅占自身日常代谢所需的10%（每天摄入约269大卡），大致也就相当于你不好好吃饭，只吃水煮青菜、魔芋粉、代餐粉的热量摄入。

两种食物差异

	正常食物	超低热量食物
能量，kcal/ 天	3968±793	269±60
能量短缺，kcal/ 天	−44±92	−3696±742
碳水化合物，g/ 天	844±187	44±10
蛋白质，g/ 天	19±3	8±2
脂肪，g/ 天	58±8	6±3

1 O'Connor, K. L., Scisco, J. L., Smith, T. J., Young, A. J., Montain, S. J., & Price, L. L., et al. Altered Appetite-Mediating Hormone Concentrations Precede Compensatory Overeating After Severe, Short-Term Energy Deprivation in Healthy Adults. *The Journal of Nutrition*, 2016,146(2): 209-217.

然后科学家对比了进食48小时后，这两组受试者的空腹体重和身体相关激素的变化情况。

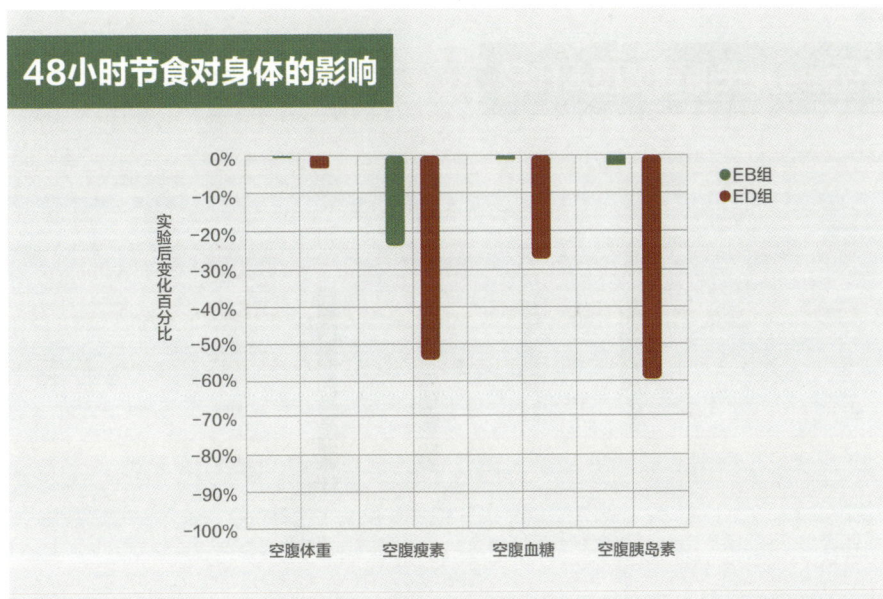

48小时节食对身体的影响

（纵轴：实验后变化百分比；图例：EB组、ED组；横轴：空腹体重、空腹瘦素、空腹血糖、空腹胰岛素）

可以看到，超低卡节食的ED组虽然空腹体重的确减轻了，但血糖、胰岛素和让你瘦的瘦素，也都出现了超级夸张的降低[1]——这可不是什么好事儿！

比如瘦素，之前我们在谈"节食"时就提到：你体内的瘦素水平，影响着你的脂肪代谢、脂肪储存和食欲。所以当你体内的瘦素水平大大降低时，就意味着你的身体开始处于减少脂肪燃烧、急剧储存脂肪的状态，这就会让身体强迫你的食欲大增，想要吃更多的食物。

科学家也注意到"瘦素"水平的大幅变化，于是又继续观察了两组受试者在接下来两天里自主进食的进食量和食欲变化（说白了，就是想看看吃极低热量的食物，会不会导致之后的饭量变化）。

1 Johnston, B. C., Kanters, S., Bandayrel, K., Wu, P., Naji, F., Siemieniuk, R. A., ... & Mills, E. J. Comparison of weight loss among named diet programs in overweight and obese adults: a meta-analysis. *JAMA*, 2014, 312(9): 923-933.

100卡美食
硬派健身
TOUGH
WORKOUT

1
Chapter

032

有意思的情况出现了：在放开饮食后，超低卡节食组（ED）明显比正常组（EB）吃得要多得多！

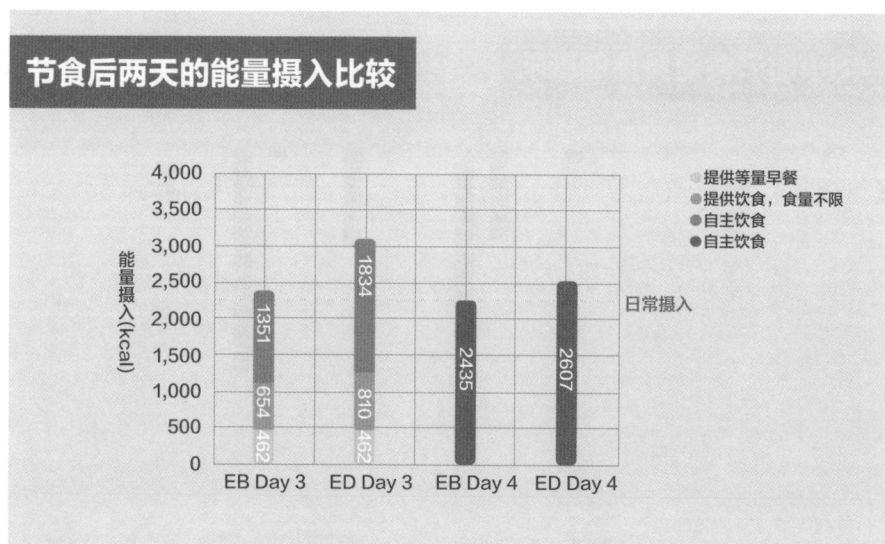

节食后两天的能量摄入比较

● 提供等量早餐
● 提供饮食，食量不限
● 自主饮食
● 自主饮食

日常摄入

不仅第一天平均比正常饮食组多吃了近500大卡，相当于一个小姑娘一顿的饭量，即使到了"暴食"的第二天，超低卡节食组的热量摄入仍比正常组多了近200大卡，相当于多吃了一大碗米饭！

而且超低卡节食组的人主观上也更容易觉得饿，即使吃更多的食物，却更难有饱腹感，吃东西的欲望也要更强烈！

同志们，这可是在节食仅仅两天后发生的事情啊！

另外你再想想，实验还是在让你吃色、香、味、体积看起来都一模一样的食物，主观上没有任何少吃压力的前提下进行的。即使这样，还是一点都没有骗过你的身体和大脑，身体还是清楚地知道你在没事儿饿着它玩，注定会来一记致命反击让你胖！

更何况日常生活中，更真实的情况应该是：这边大家吃着麻辣烫、红油火锅，手切羊肉、毛肚、虾滑涮得欢；那边你只能咬着牙嚼清水煮白菜，连个麻酱都不敢蘸——不仅吃得更痛苦，控制食欲更困难，食欲反弹也更快。

5.低碳水饮食，可以减肥？

对运动和健身爱好者来说，碳水化合物非常重要。

一方面，碳水化合物能合成足够的肌糖原，在运动中为肌肉提供能量，保证你能完成锻炼过程；

另一方面，碳水化合物也是大脑和中枢神经系统的能量供应源，它影响着运动过程中的心跳、疲惫感、动作技能发挥和注意力，从而影响锻炼效果。

但近年来，因为某些有失偏颇的主流报道，在一些人心目中，碳水化合物却成了"变胖"的代名词，减肥的同学谈"碳水"色变，避而远之。坊间流传的很多减肥饮食，也都是围绕着"减少碳水化合物"而设计的。

● 低碳水饮食，体重确实减轻了？其实都一样！

说到这儿，可能会有人反驳道：可我身边确实有朋友通过一段时间的低碳水饮食，就变瘦了啊。

然而，如果你一段时间不吃脂肪，你的体重也同样会降。那咱们能说，不吃脂肪和不吃碳水，是一回事儿吗？

真相是：其实变瘦，不是因为你低碳水（或低脂），而是因为你采用了结构单一的饮食方式。

当你吃单一的食物，比如不吃主食或者不吃油时，你的总热量摄入就会相对降低很多，说白了就是你只吃一类东西，吃得少了，自然就瘦了。

《美国医学会》杂志前两年也发表过相关研究，表示不管你是采用低脂饮食还是低碳水饮食，减肥效果并没有显著差异[1]。

● 长期低碳水饮食，很危险！

更重要的是：长期看，低碳水饮食对减肥意义不大，对健康却有很大的负面

---

1 Johnston, B. C., Kanters, S., Bandayrel, K., Wu, P., Naji, F., Siemieniuk, R. A., ... & Mills, E. J. Comparison of weight loss among named diet programs in overweight and obese adults: a meta-analysis. *JAMA*, 2014, 312(9): 923-933.

影响！

其实，碳水化合物在人体内的功劳多多，不仅提供能量，还有很多别的作用。

碳水化合物参与构成组织结构，比如决定你血型的红细胞表面抗原很大一部分就是由碳水化合物构成的；

可以帮助节约蛋白质，吃下去的优质蛋白被用来供能多可惜；

防止脂肪过度分解带来的酮血症和酮尿症；

属于多糖的膳食纤维可以增加饱腹感、促进排便、降糖降脂和改变肠道菌群等等。

碳水化合物的这些功劳，是万万不能被抹杀的。为了减肥等原因而盲目地杜绝碳水化合物的摄入，更是非常不理智的行为。中国营养学会推荐18~49岁中国人的膳食总能量中，要有50%~65%来自碳水化合物。

碳水化合物既然对人体非常重要，长期的低碳水饮食必然会对身体造成负面影响，比如一项研究就发现，长期的低碳水饮食有增加糖尿病患病概率的风险[1]。

英国食品标准局也发表了官方声明，认为"长期不摄入或极少量摄入碳水化合物是危险的"。

1 Wang, Y., Wang, P. Y., Qin, L. Q., Davaasambuu, G., Kaneko, T., Xu, J., ... & Sato, A. The development of diabetes mellitus in Wistar rats kept on a high-fat/low-carbohydrate diet for long periods. *Endocrine*, 2003, 22(2): 85-92.

三、低脂？天然？有机？未添加？有这些标签的食品真的能让人减肥吗？

本章的最后，来和大家聊聊关于食品标签的那些事儿。

现在人们都讲究健康生活，各大媒体、自媒体上关于食物营养学的普及，让大家在购物的时候不再只关注好不好吃、性价比高低这些基本选项，而是更关心食物本身的营养价值和食品属性，希望自己买的食物都是健康、天然、对身体无害的。

比如有的朋友挑选商品时，就专门挑那些食品包装上贴着"无糖""低脂""天然""无添加""有机"等标签的。

然而食品包装袋上的那些食品标签，真的靠谱吗？

1.糖/低糖/不添加任何糖？无脂/低脂？这世界不看你没什么，只看你有什么！

有人说啦，"无糖""低糖""无脂""低脂"这些食品标签，可都是有相应的国家标准规定的，总没问题，可以参考着吃了吧？

确实，"无糖"等标签的确有一定借鉴价值，但是，目前市面上80%标着"无糖/低糖、脱脂/低脂"的食物，其实都给你埋着雷呢！

可口可乐
含糖 10.6 g

零度可乐
含糖 0 g

健怡可乐
含糖 0 g

每100毫升

　　比如可口可乐，绝对是真真正正的0脂肪，但即使它标注着"0脂肪"标签，你会觉得健康吗？

　　当然不会！毕竟可乐里那巨多的糖分，才是被人诟病的真正原因。

　　所以人家可乐也就没搞什么幺蛾子，给自己标注一个"0脂肪"的标签。

含糖量比较

66 g/瓶　＞　34 g/瓶

某乳酸菌饮料
每瓶435毫升

罐装可口可乐
每瓶330毫升

　　但是，市面上不少饮料，含糖量比可乐还多，却在自己的外包装上标注着"0脂肪"，结果不少没认真看的同学，直接因为这些标签上了当。

　　比如大家比较熟悉的"脱脂健康"乳酸菌饮料，含糖量比可乐还高，但就因为它"0脂肪"的标签，让多少女孩每天坚持喝一瓶，抱着减肥又助消化的心态，结果胖了肚子、长了肥肉，又增加了健康负担。

　　而关于"无糖"标签，我记得《人民日报》都曾经报道过，市面上大量的无糖食品，为改善口感，往往添加大量的脂肪，减了糖却多了脂，也绝对不能说是"健康"的。

还有"不添加任何糖分",这种标签最常见于本身就已经甜到掉牙的食物,比如果汁。果汁大多不会额外添加糖分,这是因为它们经过浓缩,本身糖分就已经足够高了。此时的"不添加任何糖分",也不能改变它作为高糖、高热量饮料的本质!

对一种食物来讲,它健康与否,不在于它没什么,而在于它有什么:就算无糖,高脂肪也不成;就算没脂肪,高糖也不健康。

无糖、脱脂这类标签,并不是毫无意义,但更多时候,只有对有三高问题的特定病人,或者鲜牛奶这种限定得很死的食物类型,才有比较好的借鉴意义(鲜牛奶本身没糖分,此时的低脂、脱脂就有实际意义)。

2."天然":你愿意就添加,法律管不着,大麻、烟草可都是纯天然的!

大多数人会认为,天然的食物就是更好的食物;我们也常说,食物的处理流程越少,该食物就相对更健康。

所以不少食品的包装上,都标着大大的"天然"或者"天然提取"字样。而很多人也觉得,只要有"天然"两个字,食物就应该是"天然"健康的。

但事实是,食品标签上的"天然"两字,根本就是毫无意义的废话!因为无论是我国政府,还是美国FDA(食品和药物监督管理局),都明确表示过,他们没有办法对"天然"下定义。

也就是说,食品标签上的"天然",食品生产商愿意加就可以加。即使它完全是人工合成的,也没关系,因为法律根本对其没约束嘛。

而且从广义上来看,任何食物,其实都是天然的啊:猪油是天然肉提取的,让人胖的果葡糖浆是天然玉米发酵的,甚至反式脂肪酸,虽然叫作"人工合成脂肪",但实际上,也是"天然"的植物油氢化得来的。

此外,天然≠健康。大麻、烟草、毒蘑菇可也都是纯天然的,难道你能说那玩意儿健康?话说,吗啡也是天然作物提取的。

趣闻（发家之道？）：

2014年11月26日，夏威夷法庭接受一起诉讼，指控嘉吉公司甜味剂产品Truvai 的"天然"二字误导了消费者。最后，双方达成和解，嘉吉公司赔偿610万美元。

实际上，嘉吉公司的代糖食品主要含有两种成分：甜菊提取物和赤藓糖醇。其中甜菊提取物是从甜叶菊中提取出来的，赤藓糖醇则是用玉米淀粉通过发酵得来的。如果按我们通常的想法来说，这的确可以算是"天然"食品。

3.富含人体所需××种营养，××种维生素：基本算是废话……

在我们吃的食物中，除了白糖等精提纯的极少数特定种类外，其他大多数食物没有个20多种人体所需的营养，都不好意思出来见人。

然而这跟健康，基本毫无关系！

所以"富含多种营养、多种维生素"，这纯粹是句废话。

拿我们最常吃的大米为例，我给大家好好数数，大米可是富含我们人体所需的20多种营养，9种维生素呢。

根据国家体育总局公布的数据，大米含有人体所需的20多种营养及9种维生素：蛋白质、脂肪、碳水化合物、膳食纤维、磷、钾、镁、钙、钠、铁、铜、硒、锌、锰、维生素B_1（硫胺素）、维生素B_2（核黄素）、维生素B_3（烟酸）、维生素B_5（泛酸）、维生素B_6、维生素B_{11}（叶酸）、维生素C、维生素E、维生素H，以及蛋氨酸、颉氨酸、亮氨酸、异亮氨酸、苏氨酸、苯丙氨酸、色氨酸、赖氨酸等多种营养物质。

又或者是我们都知道对健康并不好的肥猪肉，也含有多种人体所需营养，然而吃了它照样会胖、照样会得心脑血管疾病啊！

每100克猪肉的肥肉也含有10多种人体所需营养：

脂肪88.6克、蛋白质2.4克、胆固醇109毫克、维A29微克、维E0.24毫克、维$B_1$0.08毫克、维$B_2$0.05毫克、烟酸0.9毫克、镁2毫克、钙3毫克、铁1毫克、锌

0.69毫克、铜0.05毫克、锰0.03毫克、钾23毫克、磷18毫克、钠19.5毫克，硒7.78微克。

参考来源：薄荷网食物热量查询

4.营养是××的几倍：你也配跟我同台竞技？

另外，我们还经常能看见食品标签上写着：本食物的营养是鸡蛋/牛奶/苹果的××倍。

但实际上，营养元素是一个非常广泛的概念，比如，脂肪也是营养，我说肥猪肉的营养是鸡蛋的7倍，你就去吃肥猪肉吗？

可乐的糖分还是鸡蛋的几十倍呢，可乐的营养就超过鸡蛋几十倍啦？

此外，还有曾经风靡一时的螺旋藻带的一个坏头：商家号称，10克螺旋藻的蛋白质含量，相当于100克牛奶，也就是说，螺旋藻的蛋白质含量是牛奶的10倍。

但实际上，这10克螺旋藻是干的，脱水的！100克牛奶是液体！90%是水！这俩怎么同台较量？你一次能吃100克螺旋藻片吗！

5."有机"食品：没有证据更营养

带有"有机认证"标签的食品，也是很多人觉得健康的食品。而且这类食品大多还有一个特点：贵！

诚然，有机食品是有国家标准的。目前来看，有机食品的认证标准也还算严谨（不过据报道说，执行标准可是很不严谨），然而，有机食品并不是食物健康的标志。

有机食品是指在其生产加工过程中，绝对禁止使用农药、化肥、激素等人工合成化学物质的食品。也就是说，有机食品从"食品安全"的角度看，的确是有意义的。但从"食品健康"的角度看，也并没有很大价值。

当然，广义上来说，食品安全是食品健康的一部分。但我相信，我们的关注者里面，大多数人两样都关心，而不是只关心食品安全。

还是拿我们前头提到的肥猪肉为例：有机肥猪肉，是有机的，但热量照高不误，照样会导致心脑血管疾病，照样不是健康食物。

而且，我曾经看过一个资料，说有七成左右的都市居民都相信，带有有机标签的食物，将会更有营养。但事实是：并没有证据表明，有机食品会比普通食品更有营养。

早在1958年，英国食品标准局就曾委托过第三方实验室，对有机食品做了很长时间的研究调查。

该研究持续了50年，系统分析了1958年到2008年这50年中，3558种食品，162项公开研究的结果，得出了以下结论：没有证据表明，有机食品比普通食品更有营养[1]。

此外，英国同学对岸的法国食品安全局也进行过类似研究，结果同样宣称：目前的研究，无法证明有机食品会更有营养[2]。

而且，有机食品虽不使用人工合成的化学肥料、化学农药，但不代表它不含农药和肥料啊。实际上，有机食品同样会使用石灰水、矿物杀真菌剂等作为农药，这跟化学农药一样会残留在食品上，也同样会导致严重的病菌感染。

> 2011年，德国有机农场的蔬菜受大肠杆菌污染，导致数千人中毒，几十人死亡。这个新闻当时还上了央视，没记错的话，欧盟还一度把屎盆子扣在中国生产的东西头上。
>
> 此外，有机食品也可以使用添加剂，我国的标准就能使用37种添加剂和22种加工助剂。

1 Dangour, A. D., Dodhia, S. K., Hayter, A., Allen, E., & Lock, K., et al. Nutritional quality of organic foods: a systematic review. *The American Journal of Clinical Nutrition*, 2009，90(3): 680–685.
2 Nutrition and health assessment of organic food report summary. French Agency for Food Safety.

　　另一项2012年的研究，分析了1966年到2011年的6000篇论文，分析结果表明：有机食品，并没有比传统种植的食品更安全和健康[1]。

　　人们选择有机食品，是因为有机食品不会使用化学肥料、化学农药等生产方式，对环境更友善。也就是说，这其实是彰显了一种对环保的态度。

　　很多人说自己选择有机食品，实际上不是为了健康或者安全，而是表达环保主义的理念。

　　不过，为了这个精神的因素，是否值得购买贵几倍的有机食品，就见仁见智了。反正，我觉得还不如捐钱给环保组织呢。

1 Smith-Spangler, C., Brandeau, M. L., Hunter, G. E., Bavinger, J. C., Pearson, M., & Eschbach, P. J., et al. Are organic foods safer or healthier than conventional alternatives?: a systematic review. *Annals of Internal Medicine*, 2012,157(5): 348-366.

这么吃，就能瘦！

100卡美食

硬派健身
TOUGH
WORKOUT

三分练，七分吃，

如果没有吃对，

就算练得再好也是白搭！

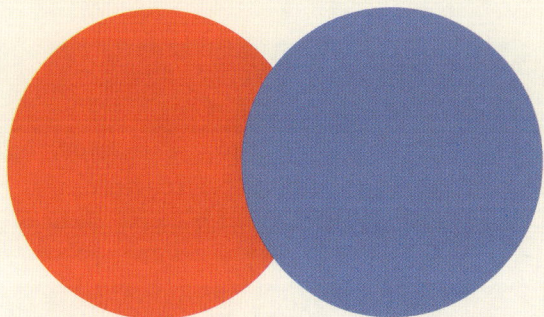

2

100卡美食

硬派健身
TOUGH
WORKOUT

2
Chapter

044

一、饮食应当看目的

　　如果你去健身房，健身教练根本没有问你想练成什么样的身材，就给你推荐所谓最好的训练方法，那你基本可以肯定他是在胡扯了。因为不同的健身目的，有相对应的训练方法。

　　同理，饮食也是一样，不同目的、不同时段，都有不同的吃法。三分练，七分吃，如果没有吃对，就算练得再好也是白搭！

　　在健身的过程中，怎么吃，尤为重要。所以下面，我们就来分别说一说，当你搭配健身运动来瘦身时，平时、训练前、训练后分别怎么吃才更好。

二、日常生活饮食

1.你该吃什么，国家都帮你推荐了！

其实，你日常该怎么吃，国家早就已经帮你规划好了。2016年，教中国人好好吃饭、指导中国居民合理选择食物、科学搭配食物、吃得营养、吃得健康、增强体质、预防疾病的《中国居民膳食指南》，时隔9年再次进行了更新。

《中国居民膳食指南》推荐饮食构成

类别	推荐摄入量	类别	推荐摄入量
谷薯类	250~400 克 / 天	蛋白质	120~200 克 / 天
全谷物 & 杂豆	50~150 克 / 天	水产品	280~525 克 / 周
薯类	50~100 克 / 天	畜禽肉	280~525 克 / 周
蔬菜	300~500 克 / 天	蛋类	280~350 克 / 周
深绿色蔬菜	150~250 克 / 天	奶及奶制品	300 克 / 天
水果	200~350 克 / 天	烹调油	25~35 克 / 天
建议控制			
糖摄入	< 50 克 / 天	盐摄入	< 6 克 / 天
反式脂肪酸摄入	< 2 克 / 天	酒精摄入	男 < 25 克 / 天 女 < 15 克 / 天
提倡			
充足饮水	一天 7~8 杯水（1500~1700 毫升）		
多样饮食	一天吃 12 种以上食物，一周建议 25 种以上		
搭配运动	每周 5 次以上中等强度运动，总运动时长大于 150 分钟		

推荐一：食物多样，谷类为主

·每日膳食摄入应包括谷薯类、蔬菜水果类、畜禽鱼蛋奶类、大豆坚果类等食物。

· 平均每天建议摄入12种以上食物，每周25种以上。

· 每日建议摄入谷薯类食物250~400克，其中全谷物和杂豆类50~150克，薯类50~100克。

· 食物多样，谷类为主是平衡膳食模式的重要特征。

推荐谷物类：
大米、小米、小麦、荞麦、藜麦
推荐蔬类：
菠菜、西蓝花、苦瓜、丝瓜、番茄等富含维生素的蔬菜
推荐豆类：
大豆、绿豆、黄豆、红豆、黑豆
推荐薯类：
红薯、马铃薯、山药、芋头

"食物多样，谷类为主"简单说就是均衡饮食，尤其要保证膳食的基本碳水化合物的摄入。因为均衡饮食是保证健康和正确体重管理的有效方式。

如果你采用不吃米饭、不吃面等低碳水饮食，不但对健康和减重没有什么效果，反而可能会带来各种健康风险！

在前面一章我们曾提到过，《美国医学会》杂志曾经撰文说过：低碳水饮食和其他单一饮食方式，比如低脂饮食等，减肥效果并没有显著差异[1]。

另外，长期的低碳水饮食还会对身体造成负面影响，比如增加糖尿病患者的发病概率等问题[2]。

但让大家多吃碳水化合物，不代表可以不加以筛选地随便吃。建议尽量选

1 Johnston, B. C., Kanters, S., Bandayrel, K., Wu, P., Naji, F., Siemieniuk, R. A., ... & Mills, E. J.Comparison of weight loss among named diet programs in overweight and obese adults: a meta-analysis. *JAMA*, 2014, 312(9): 923-933.

2 Wang, Y., Wang, P. Y., Qin, L. Q., Davaasambuu, G., Kaneko, T., Xu, J., ... & Sato, A. The development of diabetes mellitus in Wistar rats kept on a high-fat/low-carbohydrate diet for long periods, *Endocrine*, 2003, 22(2): 85-92.

择少加工的粗粮，这样营养保留更多、更均衡健康，GI值（血糖生成指数）也更低，更容易饱腹，更利于瘦身。

比如糙米就比白米更适合日常摄入，土豆就比土豆泥更健康。（其实，低碳水饮食的一部分减肥效果就来自减少了精制碳水的一些害处。）

> 建议食谱：
> 黄焖鸡米饭（本书178页），冬日双姝（本书208页），石锅拌饭（本书223页），墨西哥藜米饭（本书230页），葱香苏打饼（本书299页）

推荐二：吃动平衡，健康体重

·各年龄段人群都应天天运动，保持健康体重。

·食不过量，控制总能量摄入，保持能量平衡。

·坚持日常身体活动，每周至少进行5天中等强度身体活动，累计150分钟以上；主动身体活动最好每天6000步。

·减少久坐时间，每小时起来动一动。

虽说是膳食指南，但毕竟是为了居民健康，所以推荐二的重点在于运动与体重管理：强调了运动对保持健康、控制体重的重要性，并明确建议了每周具体的训练量，建议的运动量和美国运动医学会（ACSM）给的差不多。

这里插入一个硬广，如果想健身又不知道如何开始，鄙人的"硬派健身"系列前两册——《硬派健身：你的第一本健身书》和《硬派健身：一平米健身》都是不错的选择。

推荐三：多吃蔬果、奶类、大豆

·蔬菜水果是平衡膳食的重要组成部分，奶类富含钙，大豆富含优质蛋白质。

·餐餐有蔬菜，保证每天摄入300~500克蔬菜，深绿色蔬菜应占1/2。

·天天吃水果，保证每天摄入200~350克新鲜水果，果汁不能代替鲜果。

·吃各种各样的奶制品，相当于每天摄入液态奶300克。

·经常吃豆制品，适量吃坚果。

关于多吃豆制品这点，我个人觉得有点争议：大豆蛋白毕竟缺乏一些必要的氨基酸，建议还是蛋、奶、豆都食用。

此外，如果吃市售的豆制品，要注意盐、糖、油超标的情况。比如市售豆腐丝的含盐量较大，油炸豆腐或豆泡等油会超标，素鸡、素肉等糖的用量比较大。建议日常食用豆制品时，主要以豆腐、豆浆为主。

需要注意的是：推荐三明确强调了"果汁不能代替鲜果"。市售的勾兑果味果汁就不说了，基本就是色素加糖加果味添加剂。不过即使是鲜榨果汁，也绝非水果的健康替代品。因为鲜榨果汁改变了水果的物理性状，某种程度上提升了水果的GI值，容易导致人们发胖或者代谢类疾病。此外，鲜榨果汁为了口感，也抛弃了一部分对健康有益的膳食纤维。

> 建议食谱：
> 菌菇茄汁龙利鱼豆腐煲（本书126页），咸甜豆腐脑（本书155页），腐皮春卷（本书219页），牛奶桃胶（本书278页）

推荐四：适量吃鱼、禽、蛋、瘦肉

· 鱼、禽、蛋和瘦肉摄入要适量。

· 每周吃鱼280~525克，畜禽肉280~525克，蛋类280~350克，平均每天摄入总量120~200克。

· 优先选择鱼和禽肉。

· 吃鸡蛋不弃蛋黄。

· 少吃肥肉、烟熏和腌制肉制品。

吃鸡蛋不弃蛋黄，其实说的就是2015年《美国居民膳食指南》里"胆固醇限制被取消"的事儿。因为目前的研究表示，通过饮食摄入的胆固醇，对血液中胆固醇的变化波动其实非常非常小，并不会最终导致心血管疾病的发生[1]。

1 Ginsberg, H. N.,Karmally,W.,Siddiqui,M.,etal. A dose-response study of the effects of dietary cholesterol on fasting and postprandial lipid and lipoprotein metabolism in healthy young men.*Arteriosclerosis and Thrombosis: A Journal of Vascular Biology*, 1994, 14(4): 576-586.

每日食用鸡蛋的个数对血清胆固醇的影响

血清胆固醇浓度（mmol/L）

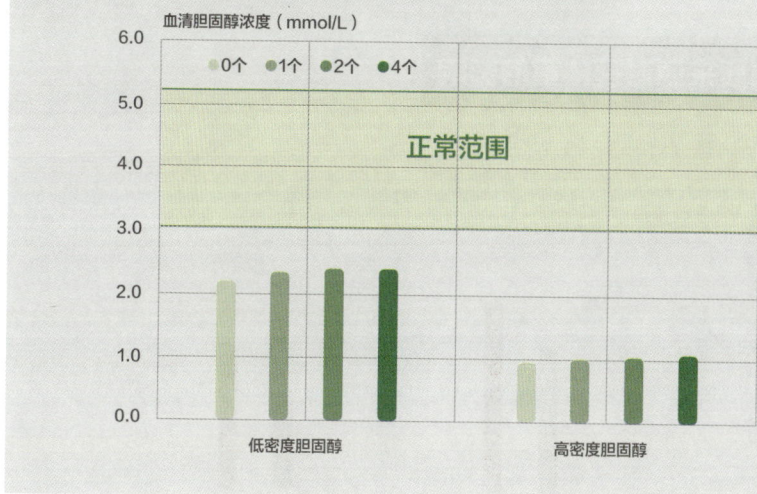

可以看到，你不吃鸡蛋和一天吃4个鸡蛋，对体内胆固醇的含量变化基本没有什么影响。

为什么？要知道，我们人体内本身就存在胆固醇，甚至人体自身能合成的胆固醇占比更大，有75%~80%，而食物中的胆固醇只占20%左右。

也就是说，血液中胆固醇含量到底有多少，更多的是取决于你身体需要合成多少胆固醇，而不是你吃了多少胆固醇。

而且不少研究也都证明，食源性的胆固醇并不会明显地提升患心血管疾病的概率。

所以请让妈妈放心，再也不用担心家里的蛋黄没地儿去了！

至于瘦肉、鱼虾，这些既是优质蛋白质的来源，同时也可以规避脂肪摄入过多。值得注意的是，如果你是个健身训练者，瘦肉、鱼虾这类食物蛋白质的摄入，对肌肉的增长效果，与蛋白粉是没有差异的。

在一项实验中，科学家对比了训练期间摄入食物蛋白和蛋白粉对训练效果的差异。最后发现，在瘦体重（肌肉含量）增长方面，两组受试者都有一定程度的增长：其中蛋白粉组增长2.7%，食物蛋白组增长了2.9%，差异不具有统计学意义[1]。

也就是说，如果你想塑身、紧致、长肌肉，多吃瘦肉准没错。

不同蛋白质来源对瘦体重的影响

● 实验前　● 实验后

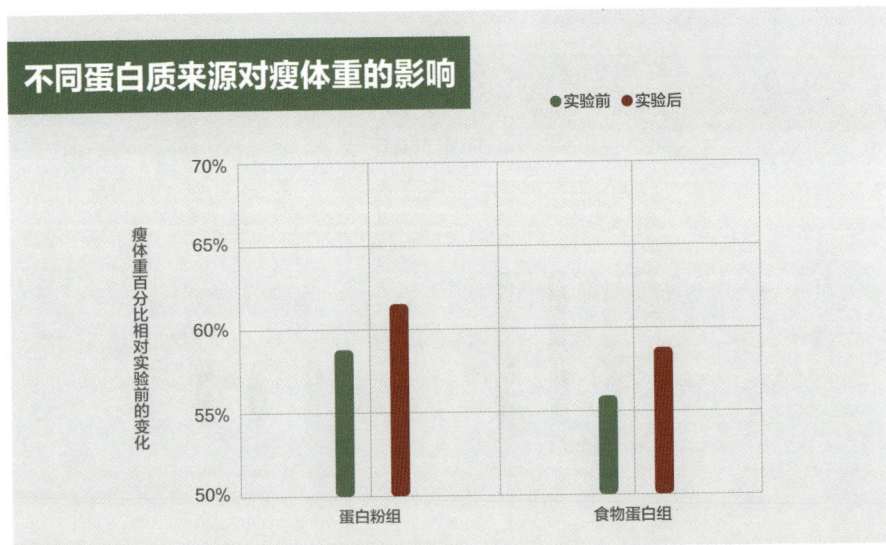

建议食谱：

丝瓜虾仁（本书164页），秘制牛排（本书183页），麻辣小龙虾（本书199页），水煮肉（本书203页），三杯大虾（本书216页），美味鸭脖（本书247页）

推荐五：少盐少油，控糖限酒

· 培养清淡饮食习惯，少吃高盐和油炸食品。成人每天食盐量不超过6克，每天烹调油量控制在25~30克。

· 控制添加糖的摄入量，每天摄入不超过50克，最好控制在25克以下。

· 足量饮水，成年人每天7~8杯（1500~1700毫升），提倡饮用白开水和茶水；不喝或少喝含糖饮料。

1 Arciero, P. J., Edmonds, R. C., Kanokwan, B., Gentile, C. L., Caitlin, K., & Christopher, D., et al. Protein-pacing from food or supplementation improves physical performance in overweight men and women: the prise 2 study. *Nutrients*, 2016, 8(5): 288.

·儿童、少年、孕妇、乳母不应饮酒。成人如饮酒，男性一天饮用酒的酒精量不超过25克，女性不超过15克。

糖是这几年学界的大敌，不只中国，美国的FDA和《美国居民膳食指南》也都陆续发表过对糖摄入量的警告。这个我们会在本章后面详细说明。

值得一提的是，含糖饮料这种恐怖的东西，通常一瓶含糖饮料就有50~80克糖，直接超出一天建议的摄入量。

科学家曾经对5万人进行了长达8年的调查研究，结果发现，在排除年龄、活动量、日常热量摄入差异等影响因素后，喝不喝含糖饮料，体重增长就会有明显不同[1]！

少糖饮料组4年体重只增长1千克（考虑到随着年龄变化，肌肉流失等原因，体重本身就是会逐年上升的），而多糖饮料组4年体重上升了5千克！

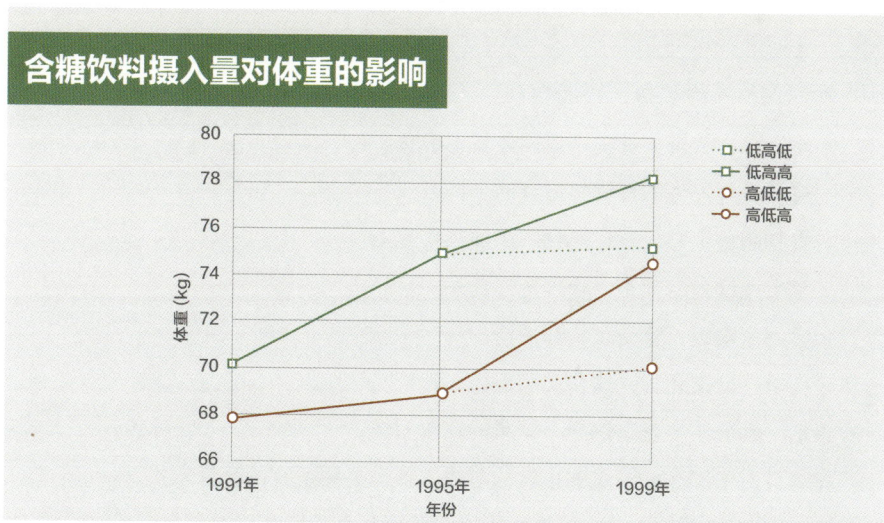

另外，碳酸饮料、果汁、能量饮料等含糖软饮里，除了蔗糖，一般还添加大量的果葡糖浆。

而果葡糖浆比葡萄糖更容易造成脂肪堆积、降低胰岛素敏感性等各种负面影

1 Vasanti S, Malik, Barry M, Popkin, George A, Bray, Jean-Pierre, Després, & Frank B, Hu.Sugar-sweetened beverages, obesity, type 2 diabetes mellitus, and cardiovascular disease risk. *Circulation*, 2010, 121(11): 1356-1364.

响，更是发达国家日益严峻的肥胖问题的罪魁祸首！

所以新版的《中国居民膳食指南》也明确规定了，严格限制糖的摄入量，不建议超过日常总能量的10%。简单换算一下，如果成年人每天要摄入约2000大卡热量，那你每天最多只摄入50克（200大卡）糖。

"糖""油""酒"，中式饮食三剑客，也是最容易影响你健康的三刺客，在新版的《中国居民膳食指南》里都给出了明确的限制量，整体看和《美国居民膳食指南》也基本一致：饱和脂肪要小于总热量的10%，糖要小于总热量的10%，女性最多日酒精摄入量不超过15克，男性最多不超过25克（相当于啤酒750毫升，葡萄酒250毫升）。

> 建议食谱（本书288页）：
> 浓香热可可，丝滑奶茶，桂花酸梅汤，桃子冰绿茶

推荐六：杜绝浪费，兴新食尚

·珍惜食物，按需备餐，提倡分餐不浪费。

·选择新鲜卫生的食物和适宜的烹调方式。

·食物制备生熟分开，熟食二次加热要热透。

·学会阅读食品标签，合理选择食品。

·多回家吃饭，享受食物和亲情。

·传承优良文化，兴饮食文明新风。

最后一部分主要就是倡导了健康的饮食习惯。

比如针对中国人做菜重油重料的习惯，提出要用适宜的烹饪方式；

比如面对市面上宣传得天花乱坠的"健康"零食，要学会阅读它们的食品标签，认清它们的真面目等等。

另外，这次新版的膳食指南，最大特点是推出了三个可视化的图形：中国居民平衡膳食宝塔（2016）、中国居民平衡膳食餐盘（2016）和中国儿童平衡膳食算盘。

尤其是"中国居民平衡膳食餐盘"，对于懒得看文字、不想细琢磨的同学，直接对照着吃也很方便！

中国居民平衡膳食餐盘

谷薯类　鱼肉蛋豆类

水果类　蔬菜类

2.DASH饮食：膳食指南的加强版

如果说《中国居民膳食指南》是大范围的饮食基础指导，那下面我们则要介绍它的加强版，连续6年被评为美国年度最佳综合饮食模式的DASH饮食。

DASH饮食2015年在35种饮食模式中脱颖而出；2016年再次在38种常见饮食模式中"夺冠"；另外，在2015年全美饮食模式评比中，TLC饮食位居第2，地中海饮食、Weight Watchers（慧俪轻体）和梅奥诊所饮食并列第3位。排在2015年全美饮食模式评比最后的，则是Paleo饮食（原始人饮食）和4期模式的Dukan饮食（杜坎饮食）。

● DASH饮食，什么意思?

DASH饮食，中文直译"得舒饮食"，到底是什么意思呢？

先来看人家的英文全称：DASH（Dietary Approaches to Stop Hypertension），直译就是"防治高血压饮食对策"，最早是根据1997年美国的一项大型高血压防治计划发展出来的饮食模式[1]。

所以DASH饮食的好处很明确了：防治高血压肯定是相当有效。研究也的确表

---

1 The DASH diet. It may benefit your blood pressure, and more. *Mayo Clinic Health Letter*, 1998, 16(4): 7.

明，坚持DASH饮食就可以达到降低血压的效果[1,2,3]。

考虑到现代人的健康问题（尤其是三高等），很大程度上和饮食过于油腻有关，这看起来倒的确是挺值得提倡的一种饮食方式。

除此之外，还有不少研究表明，DASH饮食对预防骨质疏松、癌症、心脏病和糖尿病等，也同样相当有好处。

● DASH饮食，有什么特点？

其实DASH饮食与中美居民膳食指南的基本构成比较相似，但有几条则是DASH饮食独有的健康推荐。

比如，DASH饮食明确建议，当你喝牛奶的时候，要选择脱脂或者低脂的，并且不建议大家摄入饱和脂肪。

虽然脂肪也是很重要的营养元素，但是牛奶中的脂肪较多，占总热量构成的25%以上，可以算是高脂食物了。此外，饱和脂肪算不上特别健康，而且现代都市人也真的不缺摄入饱和脂肪的机会。除了极端的饮食控制者，很少有人会摄入饱和脂肪不足，而更好的脂肪来源是鱼类、坚果等不饱和脂肪。

此外，DASH饮食会建议大家摄入更少的钠，以及更少的单纯糖类。这些都是更符合主流学界的观点。

DASH饮食的这几个特点结合居民膳食指南，能更好地指导我们的日常饮食。作为一个中国人来说，我们日常摄入单纯糖的机会相比外国人来得少，毕竟我们饭后不怎么吃甜品之类的。不过，我们日常饮食中的钠却不少，汤、面条、肉类

1 Kato, T., & Kimura, G. Blood pressure lowering effects of DASH diet as a life style modification. *Nippon Rinsho. Japanese Journal of Clinical Medicine*, 2006, 64 Suppl 6: 437-443.

2 Karanja, N., Erlinger, T. P., Pao-Hwa, L.,... & Bray, G. A. The DASH diet for high blood pressure: from clinical trial to dinner table. *Cleveland Clinic Journal of Medicine*, 2004, 71(9): 745-753.

3 Craddick, S. R., Elmer, P. J., Obarzanek, E., Vollmer, W. M., Svetkey, L. P., & Swain, M. C. The DASH diet and blood pressure. *Current Atherosclerosis Reports*, 2003, 5(6): 484-491.

加工食品等都是隐形的含钠炸弹，一定要小心规避。

下图是DASH饮食不同人群每日热量摄入建议的食物构成，大家可以用来参考。

DASH饮食推荐饮食构成

食物组	每日份数			每份大小
	1,600 大卡	2,000 大卡	2,600 大卡	
谷物	6	6~8	10~11	一片面包 30 克干燥谷物 半碗米饭、意面或者谷物
蔬菜	3~4	4~5	5~6	一碗新鲜绿叶蔬菜 半碗新鲜切碎蔬菜 半碗烹饪的蔬菜 半杯蔬菜汁
水果	4	4~5	5~6	一个中等大小水果 1/4 碗干燥水果 半碗新鲜、冷冻或罐头水果 半杯果汁
牛奶和奶制品 （脱脂或者低脂）	2~3	2~3	3	一杯牛奶 45 克奶酪
瘦肉、禽肉和鱼	3~6	≤6	6	30 克烹饪的猪肉、牛肉或鱼肉 一个鸡蛋
坚果、种子和豆类	3（每周）	4~5（每周）	1	1/3 碗坚果 两大勺花生酱 两大勺种子 半碗烹饪的豆类
脂肪和油类	2	2	3	一小勺软黄油 一小勺植物油 一大勺蛋黄酱 两大勺沙拉酱
添加糖和糖果	< 5（每周）			一大勺糖 一大勺果酱 半碗冰激凌或者果冻 一杯加糖果汁

注："杯"，欧美国家使用的非正式计量单位，1 杯 = 240 毫升（美国），表格中"碗"与"杯"意义相同。

　　"大勺""小勺"，欧美国家使用的非正式计量单位，1 大勺 = 15 毫升，1 小勺 = 5 毫升（美国）。

建议食谱：

　　无糖脱脂酸奶（本书266页），牛奶桃胶（本书278页），香滑单皮奶（本书281页）

3.这么吃，就能瘦！

● **GI、GL，弄清这两个概念，就能吃瘦！**

介绍完总体饮食建议，在具体讲什么时候怎么吃之前，我们先来学习两个判断食物健康与否的相关指标：GI、GL。

有读者可能会表示：评估一样食物好不好，不是已经有热量、碳水化合物、脂肪、蛋白质构成这些常见指标了吗？还不够吗？

嗯，不够。

简单说，不同食物由于自身的营养构成不同，即使含有相同的热量（卡路里）、等量的碳水化合物，人身体里的消化吸收速度不同，也会引起完全不同的血糖反应。

而GI（Glycemic Index，血糖生成指数），就是为了解决这个问题出现的。

GI是专门用来描述食物消化吸收速度和血糖应答的重要指标。

GI：如何测量?

食物GI，是指摄入含有100克碳水化合物（不包括纤维）的该食物后，身体2小时后的血糖上升水平。

其值是对比摄入含有100克葡萄糖2小时后，身体产生的血糖上升水平的比值差（最后的比值*100，取整）。

根据不同食物在身体里的血糖应答反应，科学家将食物GI分为高、中、低三大类。

· 高GI：≥70

· 中GI：56~69

· 低GI：≤55

血糖生成指数 (GI)

≤55	56~69	≥70	低（≤55） 中（56~69） 高（≥70）

0   20   40   60   80   100

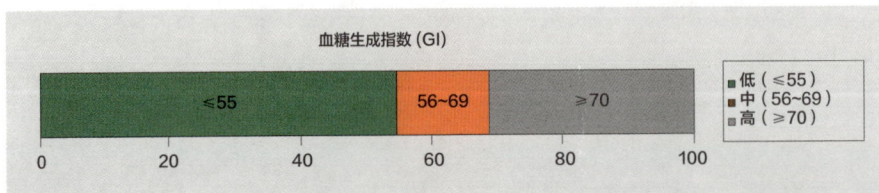

日常饮食中，高GI食物会导致餐后血糖升高→胰岛素分泌增加→身体更容易囤积脂肪。所以日常减少摄入高GI食物有利于预防各类代谢疾病。

日常多吃中低GI食物，则可以保证血糖和胰岛素的稳定分泌，更不易饿。

需要注意的是，运动后的胰岛素分泌，不会囤积脂肪，反而会优先促进肌肉吸收氨基酸和恢复糖原，增加肌肉合成，所以运动后是个比较特殊的时段，更推荐此时吃高GI食物。

有GI就够了？

GI是判断食物健康与否的一个关键指标，但并不是绝对指标。比如很多水果的GI值就不低，但我们能说水果就不健康，要少吃吗？显然这是不合理的。

GI的缺陷在于以每百克碳水作为评估基准，但并没有综合考虑含有那么多碳水的食物实际分量有多少，这就会导致有些食物虽然GI很高，但你很难吃下去那么多。

打个比方，西瓜的GI值是72，算是高GI食物了吧？但这可是指吃下含有100克碳水的西瓜（3斤左右）才会引起的血糖反应。所以你日常吃个一两块西瓜，其实并不会有夸张的血糖飙升。

什么意思？我们来算一道数学题：
已知：每100克西瓜含有6克碳水化合物。
求解：含有100克碳水的西瓜，有多重？
结果是（自问自答）：含有100克碳水的西瓜，重100/6*100 ≈ 1667克！

也就是说，西瓜的GI是高，不过首先，你得先吃掉3斤西瓜，然后再开始操心这个高GI的问题。

所以说，GI值虽然可以评估日常食物自身的升糖水平，但是从日常实际角度来看，还是不算太实用。

这个时候，GL（Glycemic Load，血糖负荷）的概念就被发明出来救场了！

GL：更有实际意义？

GL可以说是GI的升级版，是用来描述单位食物中可利用的碳水，在身体里的消化吸收速度和血糖应答的指标。

还是拿刚才的西瓜举例：西瓜的GI是72，但是每100克西瓜只含有6克碳水，所以西瓜的GL＝72*6/100=4.32。

也就是说，西瓜虽然高GI，但是低GL，只要日常是适量吃，完全没有任何问题。

所以GL就是既考虑了食物的GI值，又考虑了食物自身的分量的实际应用。

这也是糖尿病病人不建议吃蛋糕甜点，却可以吃水果的主要原因。

糖尿病病人，可以吃水果吗？
很多人误以为水果含糖高、GI高，所以糖尿病病人不能吃。
但事实上，水果由于含水量大，单位分量里的可利用碳水并不高，所以GL较低。适量吃，不要吃太多，对餐后血糖并不会产生太大影响！
美国糖尿病协会（ADA）也明确指出：糖尿病病人可以吃，并且支持多吃水果。

食物GI、GL，怎么看？

了解了GI、GL的概念，可能有同学要问了："那平时从哪里可以知道食物的GI、GL值呢？"

目前在网上可以查到几百种常见食物的GI值，一般含糖高，精加工的蛋糕甜点等，大多高GI；蔬菜、杂粮、肉蛋类等，GI值相对较低。

另外需要注意的是，食品由于加工、烹饪方式不同，GI值也会有很大的变化，需要结合具体情况自己判断。

加工烹饪方式，对GI的影响：
精加工的食物，相对GI更高，比如精米、精面对比糙米、糙面，果汁对比水果。
另外，添加油脂会导致GI降低，比如炸土豆的GI比土豆低，然而并不算健康。

食物的GL值目前国内可查到的不多，感兴趣的同学可以根据食物GI值和食物含有的单位碳水，自己换算。

需要注意的是，一般低GI食物，GL肯定是很低的；但是中高GI食物，GL却可能很高。

最后，给大家找了一张常见食物的GI、GL表，可以参考一下。

食物血糖生成指数(GI)&血糖负荷(GL)

食物名称	GI/份 红色=高GI值(＞70) 黄色=中GI值(56~69) 绿色=低GI值(＜55)	份量(g)	GI/份 红色=高GI值(＞20) 黄色=中GI值(11~19) 绿色=低GI值(＜11)	食物名称	GI/份 红色=高GI值(＞70) 黄色=中GI值(56~69) 绿色=低GI值(＜55)	份量(g)	GI/份 红色=高GI值(＞20) 黄色=中GI值(11~19) 绿色=低GI值(＜11)
水果类							
苹果	39	120	6	香蕉(熟)	51~62	120	13~16
西柚	25	120	3	葡萄	46~59	120	8~11
橘子	40~45	120	4~5	桃	42~56	120	5
梨	38~40	120	4	西瓜	72~85	120	4
哈密瓜	63	120	4				
蔬菜类							
青豆	48~53	80	3~4	胡萝卜	40~56	80	3
土豆	50~80	150	14~33	红薯	61~70	150	17~22
谷物和面包类							
黑面包	50~56	30	7	全麦面包	71	30	9
白面包	73	30	10	燕麦片	58~62	250	13
果蔬燕麦片	66~71	30	16	白米	64~70	150	23
糙米	55~60	150	18	藜麦	53	150	13
豆类与坚果							
黑豆	30	150	7	鹰嘴豆	28~33	150	8
菜豆	27~31	150	5	扁豆	29	150	5
腰果	27	150	3	花生	14~22	50	1
乳制品和替代品							
冰激凌	57~61	50	6~7	全脂奶	27~31	250	3
脱脂奶	32~37	250	4	低脂水果酸奶	33	200	11

低GI食物(GI值<40)

主食类：无

蔬菜类：菠菜、花椰菜、茄子、苦瓜、黄瓜、豆芽、海带、白萝卜、四季豆、番茄、洋葱

鱼肉类：无

奶蛋类：鲜奶油、芝士、鲜奶、蛋类

豆制品与坚果：炸豆腐、油豆腐、豆腐、毛豆、腰果、杏仁、花生

100卡美食

硬派健身
TOUGH
WORKOUT

2
Chapter

060

水果类：哈密瓜、桃子、樱桃、西红柿、苹果、奇异果、柳橙、木瓜、草莓

饮料类：清酒、红茶、黑咖啡、原味优格

中GI食物（GI值40~70）

主食类：稀饭、燕麦、全麦面、荞麦面、糙米、胚芽米、糙米片、面条

蔬菜类：牛蒡、韭菜、南瓜、玉米

鱼肉类：猪肉、牛肉、鸡肉、羊肉、培根、火腿、蛤蜊、鱿鱼、鱼、虾、
　　　　牡蛎

奶蛋类：无

豆制品：无

水果类：葡萄干、香蕉、 杜果、凤梨

饮料类：红酒、啤酒、可乐、高糖优酪乳、牛奶咖啡

点心类：布丁、果冻、冰激凌

高GI食物（GI值>70）

主食类：白米、炒饭、烩饭、法国面包、贝果、乌冬面、拉面

蔬菜类：马铃薯、山药、胡萝卜

鱼肉类：花枝丸、贡丸、鱼板、蛋饺、肥肠、猪肚、牛肚

奶蛋类：无

豆制品：无

水果类：草莓酱

点心类：巧克力、甜甜圈、牛奶糖、薯片、蛋糕、松饼、红豆沙、
　　　　饼馍等中式糕点

● **含糖饮料，让你胖，还让你懒！**

含糖饮食是很多朋友日常的最爱，一天能喝三五瓶碳酸饮料、果汁、奶茶、

乳酸菌饮料等等。可乐甚至被网友们冠以"肥宅快乐水"的称号。

其实从网友们的"昵称"就可以看出，含糖饮食喝了会肥。

曾有一条火爆网络的新闻：英国一女子啥都没做，只是单纯不喝可乐，结果一年后就减掉了100多斤。只是单纯地不喝可乐等含糖碳酸饮料，就对体重有如此巨大的影响，可见含糖饮料是多么可怕的增肥利器。

不过更糟的是，经常喝甜饮料，不但让你胖，而且并不会让你有多快乐，还更容易出现各种健康危机：让你更懒，更不愿意动，吃得更多，陷入恶性循环。

喝饮料，当真胖得快？

甜饮料的主要成分是糖，喝多了自然会让人长胖变重，这个道理很多朋友也都知道。不过很多时候，我们会得出这种结论大多是因为身边的胖人都爱喝甜饮料（或者爱喝软饮的朋友都在慢慢发福），以及媒体的各种报道。

很多爱喝软饮的朋友可能就会为自己辩解："发胖的原因那么多，不见得就是因为饮料喝太多啊，可能是因为他们自己不爱运动，又吃得多，顺带还爱喝饮料，所以才胖的，怎么能怪在饮料身上？"

那么，含糖软饮对体重变化的影响到底有多大呢？

为了研究含糖饮料的摄入量对体重到底会有什么样的影响，研究人员对5万人进行了为期8年的调查研究[1]。

在排除了年龄、活动量、日常热量摄入差异等其他因素影响后，研究人员选取了1969名受试者，调查分析了改变喝饮料的习惯对体重的变化影响。

其中被观察者根据喝饮料的多少，被分为多糖饮料组（一天喝≥1份）以及少糖饮料组（一周喝≤1份）。

分析结果表明：在排除其他影响因素后，经常喝饮料的人，比不怎么喝饮料的人，体重增长明显更多。少糖饮料组4年内体重只增长1千克，而多糖饮料组4年内体重上升了5千克！

1 Vasanti S, Malik, Barry M, Popkin, George A, Bray, Jean-Pierre, Després, & Frank B, Hu.Sugar-sweetened beverages, obesity, type 2 diabetes mellitus, and cardiovascular disease risk. *Circulation*, 2010, 121(11): 1356-1364.

100卡美食
硬派健身
TOUGH
WORKOUT

2
Chapter

062

含糖饮料摄入量对体重的影响

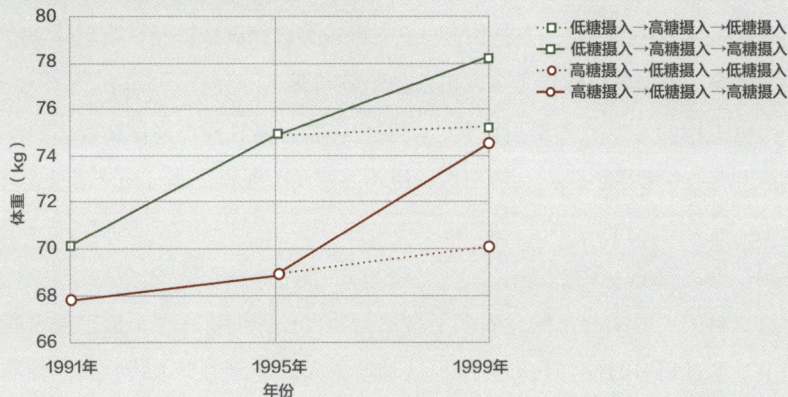

图例:
- ·····□····· 低糖摄入→高糖摄入→低糖摄入
- ——□—— 低糖摄入→高糖摄入→高糖摄入
- ·····○····· 高糖摄入→低糖摄入→低糖摄入
- ——○—— 高糖摄入→低糖摄入→高糖摄入

纵轴: 体重（kg）80, 78, 76, 74, 72, 70, 68, 66
横轴: 年份 1991年 1995年 1999年

另外，在接下来的4年，研究人员又继续观察分析了受试者保持喝软饮的习惯，和改变喝软饮的习惯后的体重变化。

结果发现，当增加含糖饮料的摄入后，体重就会明显上升；而减少含糖饮料的摄入后，体重上升的趋势相对最缓（考虑到随着年龄变化，肌肉流失等原因，体重本身就是会逐年上升的）。

值得注意的是，研究人员所选择的研究对象，都是排除了日常热量摄入差异等因素的（为了只对比甜饮料对体重的影响）。而在实际的生活中，经常喝甜饮还会引起血糖波动，让你饿得更快，进而吃得更多。

也就是说，日常生活里，爱喝饮料本身就可以让你胖，而且还会让你多吃，胖上加胖。

爱喝甜饮，越喝越懒？

更可怕的是，含糖饮料、高糖，不仅会让你胖，而且还会影响你的日常行为，让你变得更懒、更不想动。

科学家做了一项相关实验，想看看高糖饮食会如何影响我们的行为。

研究人员将32只小鼠分为两组（人类的行为太复杂，不太适合做这类实验），分别喂食含有大量糖分的精加工食品和粗加工的正常食品，这两种饮食方式的总热量保持一致[1]。

然后他们制订了一项类似"工作"的机制，让小鼠跑上跑下压杆子。当工作了一定次数后，可以得到一些奖励（如好吃的或者水）。为了让实验结果更具备说服力，研究者还额外设计了6种工作模式。

6个月后，不出意外地，精加工高糖饮食组的小鼠，比正常饮食组的小鼠重了很多。

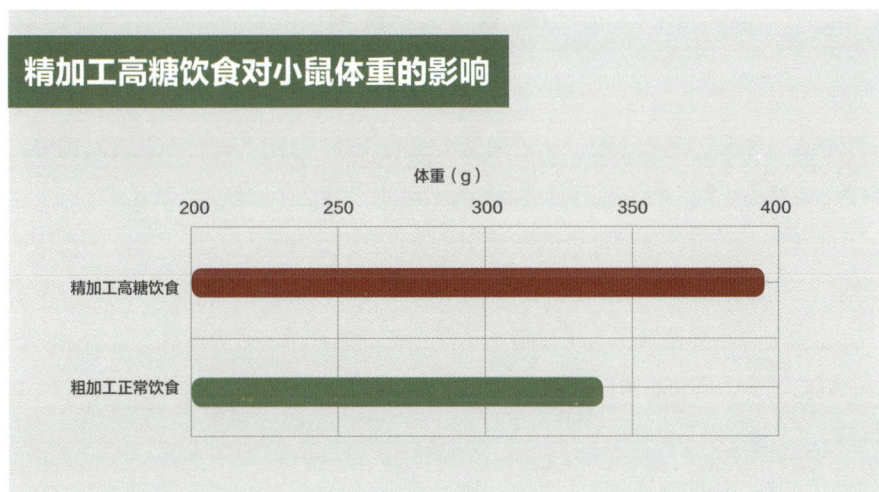

精加工高糖饮食对小鼠体重的影响

体重（g）

另外，研究人员还发现，无论是什么样的工作模式，正常饮食组的小鼠都比高糖精加工饮食组的小鼠勤快多了；相比之下，吃糖的小鼠那叫一个懒呀。

1 Blaisdell, A. P., Yan, L. M. L., Telminova, E., Lim, H. C., Fan, B., & Fast, C. D., et al. Food quality and motivation: a refined low-fat diet induces obesity and impairs performance on a progressive ratio schedule of instrumental lever pressing in rats. *Physiology & Behavior*, 2014, 128(3): 220-225.

100卡美食
硬派健身
TOUGH
WORKOUT

2
Chapter

064

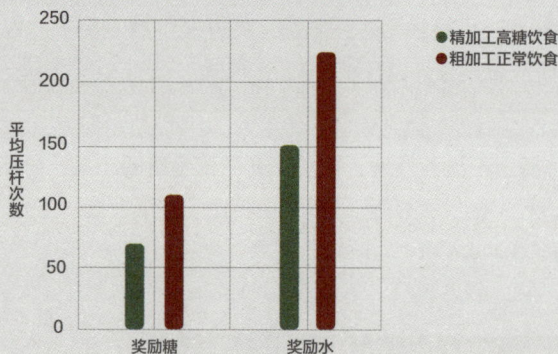

精加工高糖饮食对小鼠活动积极性的影响

在研究末期，研究人员对调了两组小鼠的饮食。不过，即使在饮食对调后，原先高糖组的小鼠，完成压杆任务时的积极性也没有任何改善。

实验人员认为，这可能说明高糖不健康饮食对认知和行为模式造成的损伤是长期的，而不是说短期戒掉了，就马上没事儿了。

也就是说，高糖饮食会让你摄入更多，还不愿意动，活力大减，最后越吃越胖，越吃越懒，越胖越懒！

"健康"含糖软饮，更可怕！

很多人要说了，斌卡，我知道了，含糖碳酸饮料太恐怖了，以后一定少喝点！那平时喝点果汁啊，红茶饮料啊，乳酸菌饮料啊什么的，总可以了吧。不都说鲜榨果汁富含维生素，很健康吗？

我只能说你们太天真了，事实上，你们从果汁和茶饮料里能获得的营养成分几乎可以忽略不计，而剩下的，就全是糖了！

市售的果汁饮料，基本都是用各种糖和食物香精组成的，即使是所谓的鲜榨果汁，由于去掉了水果里的纤维成分，剩下的基本也就是糖分了，而且喝起来毫无饱腹感。

你想啊，吃饱饭后让你再吃两个橙子，你还吃得下吗？可是如果饭后让你再来杯鲜榨橙汁，很多朋友可能就想着溜溜缝儿，也就下去了。另外，一杯鲜榨橙汁，可得要3~4个橙子才行。

所以说，浓缩的不是精华，是糖分！

事实上，除了矿泉水，市面上的软饮基本都含有大量糖分，而且这些含糖软饮里，除了蔗糖，一般还添加大量的高果糖浆，对健康影响更大。

所以，为了你的身材和健康，还是尽量少喝含糖饮料吧！要知道，喝下去的短暂甜蜜，可是会给你带来身材走形、健康受损、变懒消沉……

果葡糖浆七宗罪

1 没有营养只有热量，额外的卡路里摄入，更容易导致肥胖！研究还发现，同样的热量摄入，喝含糖饮料多者更容易肥胖。

2 果糖对瘦素有抑制作用，还会刺激脑肠肽分泌，更容易饥饿，造成进食过量。

3 果糖由肝脏代谢，摄入过多时脂肪沉积，会加重肝脏负担，导致肝损伤甚至肝硬化，从而降低胰岛素敏感性、引起糖尿病等一系列问题。

4 果糖会提高血液中甘油三酯的含量，增加动脉硬化和心脏病等疾病的患病风险。

5 果糖导致血液尿酸升高，后者是痛风的明确病因，并且和肥胖、高血压密切相关。

6 果糖作为还原糖，非常容易与蛋白质分子发生反应生成加速人体衰老的物质，对人体其他代谢循环有非常负面的影响。

7 高糖饮食还会减弱大脑学习和信息记忆能力，影响行为模式，让你笨也让你懒！

100卡美食
硬派健身
TOUGH
WORKOUT

2
Chapter
066

● 嗜甜又怕胖？用代糖！

既然糖那么不好，那是不是想要减肥就要永远与甜味说拜拜了？

当然不是，要吃甜又要避免发胖，可以用代糖啊。代糖代糖，顾名思义，就是代替糖的一种甜味剂。

想要甜又瘦，代糖好选择！

前面说了糖这么可怕，想瘦的你肯定是要努力避免无意义的添加糖摄入啦。

但甜味又是那么美妙，难抵诱惑怎么办？这个时候，代糖就是一种不错的折中方案！

相比蔗糖，代糖对健康和减肥的效果到底如何呢？就先拿代糖中最常见的木糖醇举个例子吧：

常见代糖大PK

1杯白水200 ml+2勺蔗糖20 g=80 kcal
同样甜度，用代糖

三氯蔗糖
需0.03 g，约0.13 kcal/杯
甜度：蔗糖×600
不易消化 / 热量低 / 尝起来有金属后味

糖精
需0.07 g，约0.26 kcal/杯
甜度：蔗糖×300
不能分解 / 无热量 / 尝起来有苦涩后味

甜菊糖
需0.1 g，约0.4 kcal/杯
甜度：蔗糖×200
丁被吸收 / 无热量 / 甜味纯正 / 轻微香涩味

阿斯巴甜
需0.11 g，约0.44 kcal/杯
甜度：蔗糖×180
可被消化 / 用量小 / 热量可以忽略不计

木糖醇
需16.7 g，约40 kcal/杯
甜度：蔗糖×1.2
不能完全吸收 / 热量相当于蔗糖的60% / 在口中产生愉快的清凉感

一项研究对比了相同占比的高脂饮食中，不同添加糖（蔗糖 vs D-木糖）对小鼠身体各项指标的影响。

> 温馨提示：D-木糖是制作木糖醇的原料，D-木糖经过还原反应就是木糖醇啦。

研究人员将40只身体状况相近的公小鼠随机分成四组，进行为期12周不同营养配比的喂养[1]。

对照组：采用美国营养学会（AIN）标准饮食配比喂养，食物中17%的热量来源于脂肪；

实验组1：高脂饮食，60%的热量来源于脂肪，糖类为普通蔗糖；

实验组2：高脂饮食，60%的热量来源于脂肪，糖类中的5%替换成D-木糖；

实验组3：高脂饮食，60%的热量来源于脂肪，糖类中的10%替换为D-木糖。

12周后，研究人员对比了这群小鼠的体重及脂肪含量变化。

可以看到，首先，高脂饮食组的小鼠，肯定是都胖了。

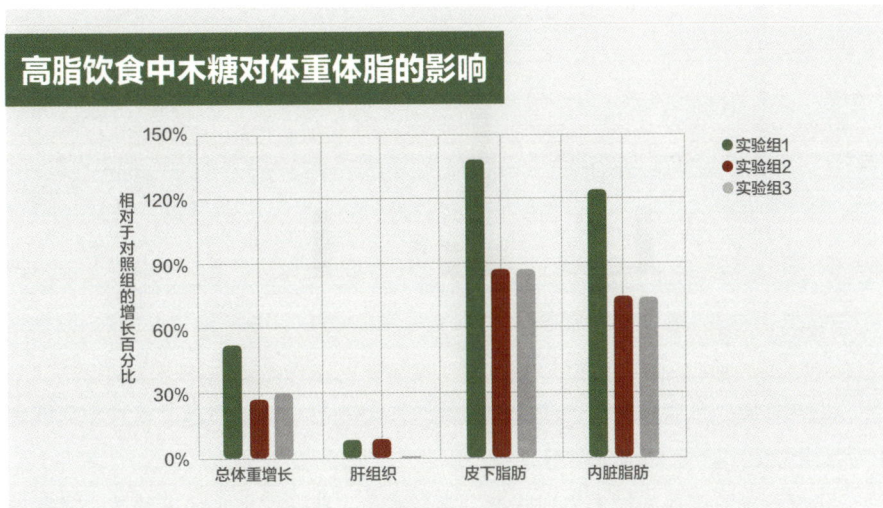

高脂饮食中木糖对体重体脂的影响

1 Lim,E., et al. D-xylose suppresses adipogenesis and regulates lipid metabolism genes in high-fat diet-induced obese mice. *Nutrition Research*, 2015, 35(7): 626-636.

但是，同样是高脂饮食，不同的糖添加却对小鼠的体重和体脂有了完全不同的影响。

将一部分蔗糖换成D–木糖的小鼠们，体重涨幅明显要小得多！皮下脂肪和内脏脂肪的增长也相对更少。

简单说，就是同样是吃高脂高热饮食，把普通蔗糖换成D–木糖，就可以少胖很多哟。

是不是感觉很牛×？还没完呢，科学家还测了所有小鼠实验后的空腹血糖和各项胆固醇的变化。

结果表明：D–木糖明显降低了高脂饮食可能引起的空腹血糖升高和各项胆固醇的飙升。

高脂饮食中木糖对血糖、胆固醇的影响

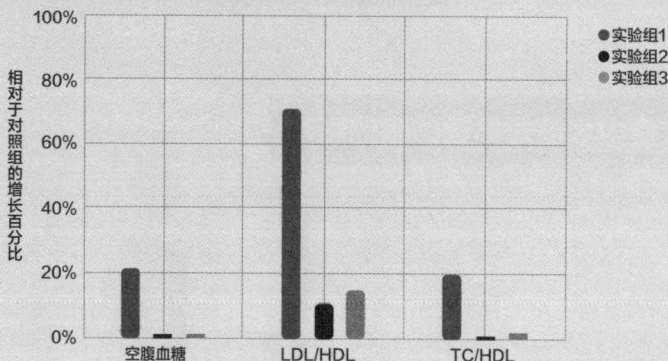

也就是说，将饮食中的普通添加糖替换为D–木糖，还能对高脂饮食造成的身体负面影响起到一定的改善作用。

代糖可以取代普通糖充当甜味剂，而且避免了普通糖带来的发胖等一系列健康问题。于是很多饮料厂商便顺势推出了各种无糖饮料，比如零度、健怡、极度等等，都是用各种代糖来替代普通糖，主打零卡路里不发胖的"健康"饮品。

然而，面对这些号称可以减少热量摄入的代糖，争议却从来没有停止过，不

少媒体都说代糖这不好那不好，会导致各种健康问题。也有很多朋友问过我类似的问题："斌卡，代糖真的安全吗？"

代糖，安全吗？

我个人认为，以阿斯巴甜为主的代糖在现有的科学研究下，是称得上安全的。而相反，目前在食品中所使用的天然"糖"（果葡糖浆等），最近却被查出了不少问题。

所以我个人认为，代糖类饮品食品，可以适当食用，不必太过担心。

首先是大家最关心的安全问题，目前我们的加工食品市场上，以阿斯巴甜等为主的低卡路里甜味剂，都是通过美国FDA等组织认证评测过的。比如阿斯巴甜，被联合国食品添加剂委员会列为GRAS级（一般公认为安全的）。另外，阿斯巴甜也被誉为代糖中最安全的产品，基本对人体没有毒性。

俗话说，抛开剂量谈毒性，都是耍流氓。FDA规定了阿斯巴甜的人体最高摄入量是每千克体重50毫克。对于一个成年男子，这个量差不多相当于每天喝20瓶零度可乐。而如果想达到这个量，你应该担心的不是阿斯巴甜的问题，而是会不会被撑死，嗯，撑不死估计水中毒都得死了。

代糖，有什么副作用吗？

代糖让你安全吃甜却不发胖，那代糖有什么副作用吗？

一项比较权威的实验统计并研究了以阿斯巴甜为主的低卡路里甜味剂（代糖）与流行病学的相关性学术研究。

他们集合了1990年1月到2012年11月间，以阿斯巴甜的安全性为研究的论文，并且予以统计学分析。最后认为，低卡路里甜味剂是相对安全的[1]。

1 Marinovich, M., Galli, C. L., Bosetti, C., Gallus, S., & Vecchia, C. L. Aspartame, low-calorie sweeteners and disease: regulatory safety and epidemiological issues. *Food & Chemical Toxicology: An International Journal Published for the British Industrial Biological Research Association*, 2013, 60(10): 109-115.

甜味剂与流行病的相关性研究总览

第一作者 / 年份	研究类型	癌症	样本容量	果糖类型	比值比 （95% 置信区间）
Ewertz and Gill, 1990	病例对照研究	乳腺癌	1486	人造甜味剂	0.94（0.73~1.20）
Gurney et al., 1997	病例对照研究	脑癌	56	阿斯巴甜 膳食饮料	1.1（0.5~2.6） 0.9（0.3~2.4）
Bunin et al., 2005	病例对照研究	髓母细胞瘤和原始 神经外胚层瘤	315	苏打饮料	1.3（0.8~2.4）[a] 1.3（0.7~2.5）[b]
Lim et al., 2006	队列研究	神经胶质瘤 造血肿瘤 淋巴癌	315 1888 1279	含阿斯巴甜的食品	0.73（0.46~1.15） 0.98（0.76~1.27） 0.95（0.70~1.29）
Gallus et al., 2007	病例对照研究	口腔癌 / 咽癌 食管癌 结肠癌 喉癌 乳腺癌 卵巢癌 前列腺癌 肾癌	598 304 1225 728 460 2569 1031 1294 767	低卡路里甜味剂	0.77（0.36~1.64） 1.24（0.54~2.81） 0.89（0.65~1.21） 0.80（0.54~1.19） 2.34（1.20~4.55） 0.70（0.54~0.91） 0.56（0.38~0.81） 1.19（0.80~1.79） 0.96（0.64~1.42）
Bao et al., 2008	队列研究	胰腺癌	1258	膳食软饮	1.11（0.86~1.44）
Bosetti et al., 2009	病例对照研究	胃癌 胰腺癌 子宫内膜癌	230 326 454	低卡路里甜味剂	0.80（0.45~1.43） 0.62（0.37~1.04） 0.96（0.67~1.40）
Chan et al., 2009	病例对照研究	胰腺癌	532	低卡可乐 低卡无咖啡因可乐 其他低卡碳酸饮料	1.7（1.2~2.4） 1.1（0.7~2.0） 1.4（0.8~2.5）
Schernhammer et al., 2012	队列研究	非霍奇金淋巴瘤 多发性骨髓瘤 白血病	1324	苏打饮料	1.13（0.94~1.34） 1.31（1.01~1.72）[c] 1.00（0.78~1.26）[d]
				阿斯巴甜	1.16（0.93~1.43） 1.64（1.17~2.29）[c] 0.91（0.69~1.20）[d]
			285	苏打饮料	1.29（0.89~1.89） 2.02（1.20~3.40）[c] 0.79（0.45~1.36）[d]
				阿斯巴甜	1.03（0.62~1.72） 3.36（1.38~8.19）[c] 1.03（0.62~1.72）[d]
			339	苏打饮料	1.42（1.00~2.02） 1.47（0.92~2.35）[c] 1.36（0.80~2.31）[d]
				阿斯巴甜	1.23（0.80~1.91） 1.56（0.79~3.06）[c] 1.04（0.58~1.85）[d]

a：围产期   b：孕中期   c：男性   d：女性

从甜味剂与流行病相关性的比值比可以看出：甜味剂和流行病之间基本没有什么相关性［比值比（OR）<1.5的，相关程度都非常弱］。

关于代糖的副作用，虽然正规的科研机构目前并没有表示低卡甜味剂对健康会有危害，不过2016年有一篇Nature上的以色列学者的研究表明，经常摄入人工甜味剂的小鼠，会更容易导致葡萄糖不耐受。科学家认为，这可能是人工甜味剂影响了小鼠的肠道菌群。

然而其实该项实验有一些极端，也没有在人体上得到太多的结论。并且说实话，这个事情对健康的危害并不大，对普通人群来讲，天然糖带来的肥胖等问题，更容易影响代谢。FDA在近些年也发布了对糖的摄入量的警告。

此外，还有一些研究认为低卡甜味剂会让人降低对甜味的敏感度。这个我个人觉得其实也谈不上是很严重的危害。

还有研究证明，添加甜味剂的饮料可以提供更多更强的饱腹感，从而让你能更好地控制食欲和总热量的摄入[1]。

所以简单说，如果你想瘦身减重又爱吃甜的，那么来点添加甜味剂的饮料，比如无糖饮料，不但能满足你爱吃甜的欲望，还可能让你更有饱腹感。

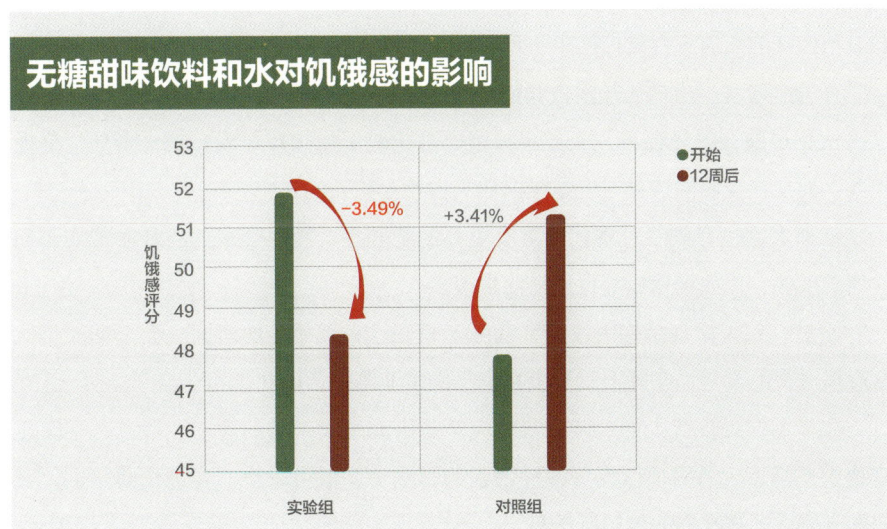

虽然喝代糖饮料不一定能让你瘦，但用代糖饮料替代有糖饮料，我认为能让你瘦得更快，更健康！

1 Peters, J. C., Wyatt, H. R., Foster, G. D., Pan, Z., Wojtanowski, A. C., Vander Veur, S. S., ... & Hill, J. O. The effects of water and non-nutritive sweetened beverages on weight loss during a 12-week weight loss treatment program. *Obesity*, 2014, 22(6): 1415-1421.

100卡美食
硬派健身
TOUGH
WORKOUT

2
Chapter

072

> 建议食谱：
> 水果宾治（本书254页），牛奶桃胶（本书278页），四季饮品（本书288页）

● 高蛋白饮食

平时高蛋白，低体脂、增肌肉、平肚腩

众所周知，在胖人减脂减重和瘦人增肌增重方面，蛋白质的作用是非常大的。另外，日常高蛋白饮食，对于减少体重和防止体重反弹也有很大的作用。

故事的开始，要从很久很久以前，那仍然非常接近猴子的人类说起……

经历了十几万年的进化，已经逼近食物链顶端的他们，早就不再满足于吃野果草根果腹。高智商（相比其他物种）的他们已经可以通过狩猎其他动物来满足自己的日常热量需求。如果打不到大型动物，嗯，还有去头尾、牛六倍、嘎嘣脆、鸡肉味的东西（高蛋白昆虫）可以吃。

在那个时代，蛋白质热量占我们祖先日常摄入热量的20%~35%[1]。

白驹过隙，时光荏苒，人类甩掉尾巴进化成了超级赛亚人，哦，不是，是现代人。而现在我们的饮食习惯是蛋白质只占饮食摄入的16%左右。

结果大家也看到了：现代人具有更高的肥胖率，肥胖带来的心脑血管疾病和代谢类疾病，比如糖尿病等也比从前多得多。

不过，人类饮食结构的改变，实际上只在这一两千年的时间。而全球人类饮食习惯最大的改变，实际上只发生在第二次工业革命后的几十年。

我们不能说现代人的肥胖和疾病完全是因为饮食结构的改变（毕竟这里面还有物质充裕、生活习惯改变等各种因素的影响），但可以说，在进化的路上，我们的身体远远被我们的生活所抛离。

我们没有办法完全回到远古狩猎时期，不可能老祖宗吃什么，我们吃什么。嗯，贝爷这类荒野求生的大佬除外。

但目前很多研究发现，如果调整饮食中三大营养素的摄入结构，将蛋白质摄入提高到与我们这几十万年进化阶段的水平相仿，我们的体重会明显降低，体脂

---

1 Cordain, L.,et al. The paradoxical nature of hunter-gatherer diets: meat-based, yet non-atherogenic.*European Journal of Clinical Nutrition*, 2002, 56(2): S42-S52.

也会明显减少。

在一项相关实验中，研究者对50名超重肥胖受试者进行了实验。

一半受试者采取25%的高蛋白饮食；

另一半受试者采取12%的相对低蛋白饮食（相当于大多数人日常的饮食结构）。

其他相关因素保持不变（脂肪、总热量摄入、运动量、生活习惯等干扰因素）。

高蛋白摄入有助于减肥

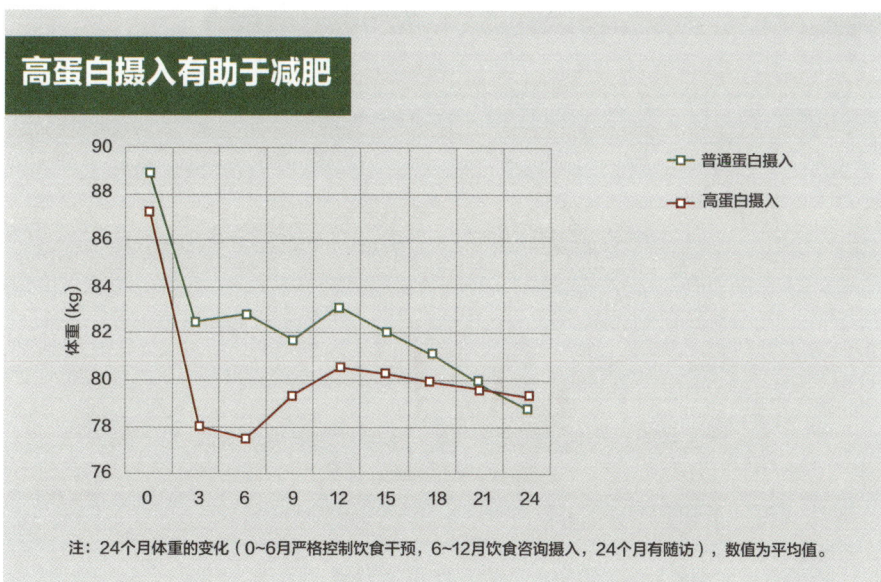

注：24个月体重的变化（0~6月严格控制饮食干预，6~12月饮食咨询摄入，24个月有随访），数值为平均值。

结果发现，在6个月的时间里，高蛋白组减去9.4千克体重，相比低蛋白组多减了近一倍的体重。另外，在保持饮食结构不变的情况下，接下来的6个月里，高蛋白组比低蛋白组还多减去了10%左右的腹部内脏脂肪[1]。

1 A Due, S Toubro, AR Skov,& A Astrup. Effect of normal-fat diets,either medium or high in protein, on body weight in overweight subjects:a randomized 1-year trial. *International Journal of Obesity,* 2004, 28(10): 1283-1290.

在另一项类似的6个月实验中，高蛋白组也比低蛋白组减去了更多的体重（8.8千克 vs 5.1千克）和脂肪（7.6千克 vs 4.3千克）[1]。

所以大家可以尝试把日常的蛋白质摄入比提高到总热量摄入的25%~35%之间，这样对减脂减重更有益。也可以根据自身的日常活动支出来调整蛋白质的摄入量[2]。

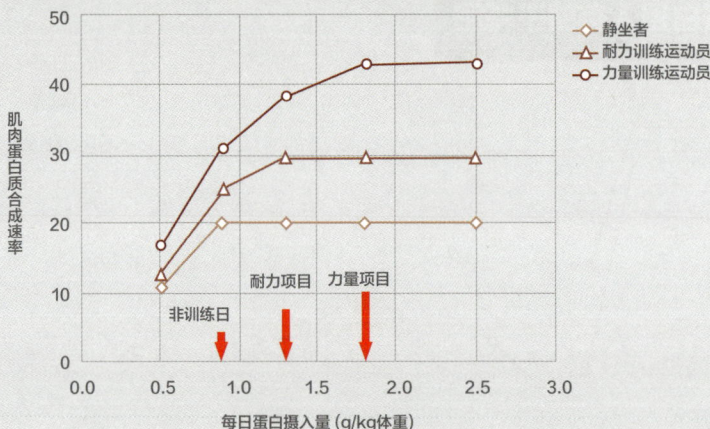

力量训练、有氧训练、未训练的蛋白质摄入需求

· 不专项运动的日常吃0.9~1克/千克体重蛋白质；

· 有氧耐力训练日常吃1.2~1.4克/千克体重蛋白质；

· 健身运动那天为了更好地增长瘦体重，建议吃1.8~2克/千克体重蛋白质。

1 Skov, A. R., Toubro, S., Rønn, B., Holm, L., & Astrup, A. Randomized trial on protein vs carbohydrate in ad libitum fat reduced diet for the treatment of obesity. *International Journal of Obesity & Related Metabolic Disorders: Journal of the International Association for the Study of Obesity*, 1999, 23(5): 528-536.
2 Lemon PW. Effects of exercise on dietary protein requirements.*International Journal of Sport Nutrition*, 1998, 8(4): 426-447.

减脂期间，也可以多吃蛋白质

不仅平常饮食中多吃蛋白质更有利于增肌减脂，在减脂期间，也建议多吃高蛋白食物。

高蛋白的摄入和减脂是完全不冲突的。高蛋白的摄入，甚至可以让你的减脂更高效、塑形更有质量。

比较高强度的减脂期间，摄入高蛋白的食物可以帮助你消耗更多的脂肪，同时保证瘦体重不受损耗，也就是说不掉肌肉。

> **Tips**
>
> 瘦体重（肌肉）是保持好身材（紧实弹性），长期高效减脂（肌肉燃脂更多）的关键！

研究表明，同样中低等热量（1700 kcal/d）的饮食摄入，高蛋白质组成的饮食（30%蛋白质）要比低蛋白质组成的饮食（16%蛋白质）减脂和保持瘦体重的效果更好。

饮食中蛋白质比例对减脂和瘦体重损耗的影响

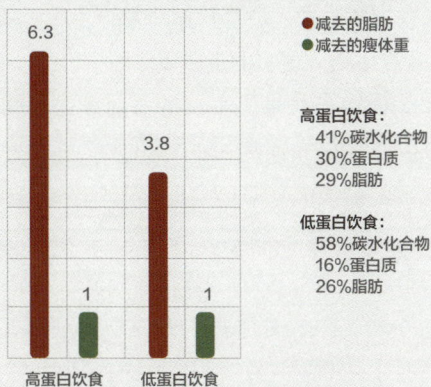

6.3

3.8

1

1

● 减去的脂肪
● 减去的瘦体重

高蛋白饮食：
41%碳水化合物
30%蛋白质
29%脂肪

低蛋白饮食：
58%碳水化合物
16%蛋白质
26%脂肪

高蛋白饮食　　低蛋白饮食

注：减去1份瘦体重的同时，高蛋白饮食减去6.3份脂肪，低蛋白饮食减去3.8份脂肪。

　　数据显示：高蛋白质饮食减去的脂肪和瘦体重（也就是肌肉体重）比值为6.3：1，低蛋白质饮食则是3.8：1[1]。

　　此外，高蛋白质饮食也比低蛋白质饮食能减去更多的体重和脂肪[2]，对维持体重、防止体重反弹也有更好的效果。

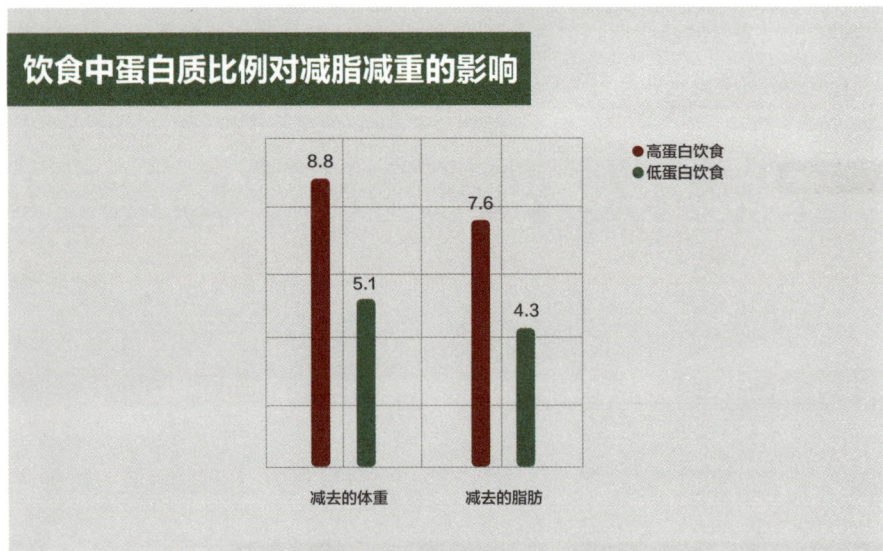

少吃还多动？你更需要多吃蛋白质！

　　再者，如果你在极度减脂期（严格控制热量摄入），还保持了较大强度的健身运动，那更建议在饮食中摄入更多的蛋白质。

　　一项实验对比了不同蛋白质摄入量对节食健身者脂肪减少和瘦体重增加的影响。

1 Layman D K, Boileau R A, Erickson D J, et al. A reduced ratio of dietary carbohydrate to protein improves body composition and blood lipid profiles during weight loss in adult women. *The Journal of Nutrition,* 2003, 133(2): 411-417.

2 Skov, A. R., Toubro, S., Rønn, B., Holm, L., & Astrup, A. Randomized trial on protein vs carbohydrate in ad libitum fat reduced diet for the treatment of obesity. *International Journal of Obesity & Related Metabolic Disorders: Journal of the International Association for the Study of Obesity*, 1999, 23(5): 528-536.

实验为期4周，受试者都是有训练基础的健身者，他们被要求在实验期间"节食"（摄入热量平均低于每日所需热量40%），同时还要进行力量训练和高强度间歇训练[1]。

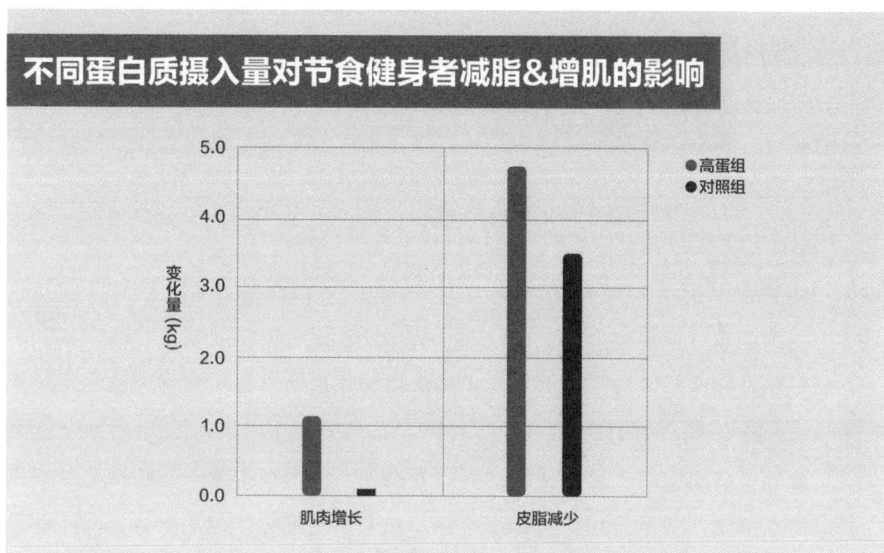

结果表明，高蛋白组（蛋白质摄入量2.4克/千克体重）在节食健身期间肌肉增长了1.2千克，对照组只增加了0.1千克。

另外，高蛋白组的体脂降低也更显著，4周实验结束后皮脂减少了4.8千克，而对照组只减少了3.5千克。节食减脂本来是会导致你掉肌肉（瘦体重）→降低基础代谢→减脂减重效率更慢，更容易反弹的。

而高蛋白摄入让你在节食的同时还能保证肌肉增加，这难道还不够有吸引力吗？

1 Longland T M, Oikawa S Y, Mitchell C J, Devries M C, Phillips S M.Higher compared with lower dietary protein during an energy deficit combined with intense exercise promotes greater lean mass gain and fat mass loss: a randomized trial. *The American Journal of Clinical Nutrition*, 2016,103(3): 738–746.

为什么高蛋白饮食在减肥和维持体重方面如此有效？

一方面，高蛋白饮食会增加饱腹感。也就是说，吃蛋白质会感觉肚子更饱，饱得更快，从而总热量摄入相对更少。

有研究认为，这可能和大脑是根据血清氨基酸浓度来进行食欲调节的，而高蛋白饮食可以提高血清内氨基酸的浓度有关[1]。

另一方面，人类的身体没有储存蛋白质的能力。大多数蛋白质吃进肚子里都会被消耗掉，而不像碳水化合物和脂肪，很大一部分都会被身体吸收并储存成肚子上的肥油。

而且蛋白质吃得多，还会增加身体日常的能量消耗速度。

相比碳水化合物和脂肪，蛋白质的食物热效应为30%~40%（脂肪只有3%~5%，碳水化合物则是5%~10%）。

这意味着即使是摄入同样的热量，吃蛋白质相比吃碳水化合物和脂肪，身体需要消耗更多热量，从而更不容易囤积热量。

尤其是蛋白质中的支链氨基酸，有研究发现，如果在小鼠的高脂肪饮食中提高一倍的支链氨基酸量，相比对照组小鼠，热量消耗明显增加了15%，同时体重减轻32%，体脂含量减少了25%[2]。

蛋白质吃太多，有什么副作用吗？

有朋友可能会担心，蛋白质吃太多会对肾脏压力太大。

目前的研究表明，中高等水平的蛋白质摄入对健康人的身体不会产生负面影

1 Batterham, R. L., Heffron, H., Kapoor, S., Chivers, J. E., Chandarana, K., & Herzog, H., et al. Critical role for peptide YY in protein-mediated satiation and body-weight regulation. *Cell Metabolism*, 2006, 4(3): 223-233.
2 Batterham, R. L., Heffron, H., Kapoor, S., Chivers, J. E., Chandarana, K., & Herzog, H., et al. Critical role for peptide YY in protein-mediated satiation and body-weight regulation. *Cell Metabolism*, 2006, 4(3): 223-233.

响，健美运动员日常摄入2.4克/千克体重蛋白质，肾脏不会有任何问题[1,2]。

不过如果是肾脏有问题的朋友，我们还是建议最好少摄入蛋白质，或者严格遵循医嘱。

另外，一般来说，一次吃30~60克蛋白质，身体都能正常吸收。如果你发现自己最近因为经常吃高蛋白食物而开始放臭屁或者排泄物味道有所改变，那也可以适量降低蛋白质的摄入。

> 建议食谱：
> 薄荷牛肉卷（本书135页），香嫩叉烧肉（本书195页），老北京爆肚（本书263页），香滑单皮奶（本书281页）

● **减肥方法？越简单，越有效！**

生活中我们常常能见到为了减肥，恪守着诸多麻烦规则的男男女女。比如不吃油脂，不吃米饭、面条等高碳水主食，严格计算食物分量、热量等等。

然而，这些规则你能坚持一天两天、一周两周、一月两月，却很难坚持一年两年。毕竟每个人都有朋友、有社交生活、有商务应酬，在不同的场合下，你很难时时刻刻坚持自己的麻烦饮食规则，毕竟总不能因为想减肥，就工作不做了，朋友不要了，完全本末倒置吧。

而且那些遵守着或者遵守过这些规则的朋友可能也都会有感觉：越是想着不吃这个不吃那个，越是忍不住满脑子都是吃吃吃。

没错，这就是我们常说的"欲望弹簧"理论——所谓欲望像弹簧，你强它更强，暴食症、贪食症等很多饮食障碍问题，都是过于苛刻饮食引发的。

1 Clinical Guidelines on the Identification, Evaluation, and Treatment of Overweight and Obesity in Adults—The Evidence Report. National Institutes of Health. *Obesity Research*, 1998, 6 suppl 2: 51S-209S.

2 Jenkins, D.J., Kendall, C. W.,Vidgen, E., Augustin, L.S., Van-Erk, M., Geelen, A., & Parker, T., et al. High-protein diets in hyperlipidemia: effect of wheat gluten on serum lipids, uric acid, and renal function. *The American Journal of Clinical Nutrition*, 2001, 74(1): 57-63.

事实上，减肥健身过程中，吃得太讲究、太健康、太矫情，遵守太麻烦的减肥规则，反而是导致更容易吃得多的真正原因！

而比起严格限制饮食和按强制性规定来维持体重，研究发现，大多数保持好身材的苗条人士，控制体重的方式反而相对更简单、更轻松[1]。

比如经常称体重，自己做饭，比起食物热量，更关心食物质量，等等。

那么，拥有好身材的人，他们"简单"的健康生活习惯是什么呢？

其中，有96%的人有吃早餐的习惯。

92%的人清楚地知道哪些食物该吃，哪些要少吃，不是在意热量，而是在意食物质量。

50%，也就是一半的人，每周至少称一次体重。

42%的人保持运动，每周至少锻炼5次。

相比复杂的饮食规则和生活规定，其实减肥方法越简单越容易坚持，越容易产生效果。

在一项伦敦大学涉及 96 人的研究中，人们发现，养成一个习惯的时间平均约为 66 天。但实际上，这个数字随着个体差异和习惯的复杂程度不同而大相径庭。

快的习惯养成，最短需要 18 天，而实验中最慢的习惯养成花费了 254 天。

养成一个好习惯不仅需要意志力，也需要方案和习惯足够合理。最好能够将习惯简化为一个简单的操作行为。

如果太过复杂的减肥习惯，比如精确计算热量到小数点后四五位，不仅生活中不易操作执行，而且实际上也没有多少人能养成并保持这种习惯。

所以，下面我们就介绍一些日常生活和饮食中简单易行的减重小妙招。

1 Brent, D. A., & Silverstein, M. Shedding light on the long shadow of childhood adversity. *The Journal of the American Medical Association*, 2013, 309(17): 1777-1778.

生活方式篇

·称体重

首先，最简单可行的：每天定时定点称体重！

有研究发现，经常称体重有助于保持身材和高效减重。相比每天上秤的人，一个月不上一次秤的人不仅减肥会失败，甚至体重还会增加1%左右[1]。

这可能是因为经常称体重可以帮你随时了解自己的体重变化，从而让你更好地认识自身情况，相应地及时调整自己的饮食运动计划。

另外，由于影响体重的因素较多、波动较大，我们建议每天定时定点称体重。比如选择每天早晨上完厕所清空肚子后，早饭前测量，这样更有利于对比身体变化和精确记录体重。

·经常运动

运动，不用多说，对减重的助力大家应该是再清楚不过了。虽然有人觉得运动的减肥效果不如节食来得快，但对想长期保持良好体重体形的人来说，运动比控制饮食更有效、更扎实、更有利于健康。

比如一项研究就表明：相比吃（膳食质量），运动对体重的影响更为密切；运动减少，可能比饮食增加更容易令人发胖[2]。

美国南卡罗来纳大学的研究人员，对比了近5000名不同年龄段的男女的运动习惯和饮食习惯对其体重、腰围的影响[3]。

1 Helander, E. E., Vuorinen, A. L., Wansink, B., & Korhonen, I. K. Are breaks in daily self-weighing associated with weight gain?. *PloS One*, 2014, 9(11): e113164.

2 Duffey, K. J., & Popkin, B. M. Energy density, portion size, and eating occasions: contributions to increased energy intake in the United States, 1977-2006. *PloS Medicine*, 2011, 8(6): e1001050.

3 Taheri, S. The link between short sleep duration and obesity: we should recommend more sleep to prevent obesity. *Archives of Disease in Childhood*, 2006, 91(11): 881-884.

年龄、运动与饮食对BMI的影响

实验组 / 年龄	20~29	30~39	40~49	50~59	60~69	≥ 70
Model 1（中高强度运动）	−0.02	−0.06	−0.05	−0.04	−0.08	−0.07
Model 2（更高的饮食质量）	−0.04	−0.08	−0.06	−0.08	0.01	−0.01
Model 3（中高强度运动）	−0.02	−0.06	−0.04	−0.04	−0.08	−0.07
Model 3（更高的饮食质量）	−0.04	−0.08	−0.05	−0.08	0.01	0.001

年龄、运动与饮食对腰围的影响

实验组 / 年龄	20~29	30~39	40~49	50~59	60~69	≥ 70
Model 1（中高强度运动）	−0.06	−0.16	−0.12	−0.11	−0.22	−0.22
Model 2（更高的饮食质量）	−0.18	−0.22	−0.14	−0.24	−0.06	−0.002
Model 3（中高强度运动）	−0.06	−0.10	−0.12	0.12	0.22	−0.22
Model 3（更高的饮食质量）	−0.17	−0.21	−0.11	−0.25	−0.06	0.02

Model 1：中度至剧烈体力活动 $(min \cdot d^{-1})$
Model 2：更高的饮食质量 (HEI-2005)
Model 3：中高强度运动 + 高质量饮食

1.不同年龄组的人，随着年龄增大，都动得更少，吃得更多；

2.几乎所有年龄组的人，体力活动程度都与BMI和腰围呈负相关（而膳食质量却只在小部分年龄段里呈负相关）。

· 规律睡眠

好好睡，规律睡眠也是更容易瘦的秘诀之一。

一项长达5年的研究发现，睡眠时间与BMI成反比：睡眠时间越短，BMI越高，超重肥胖的可能性也越大[1]。

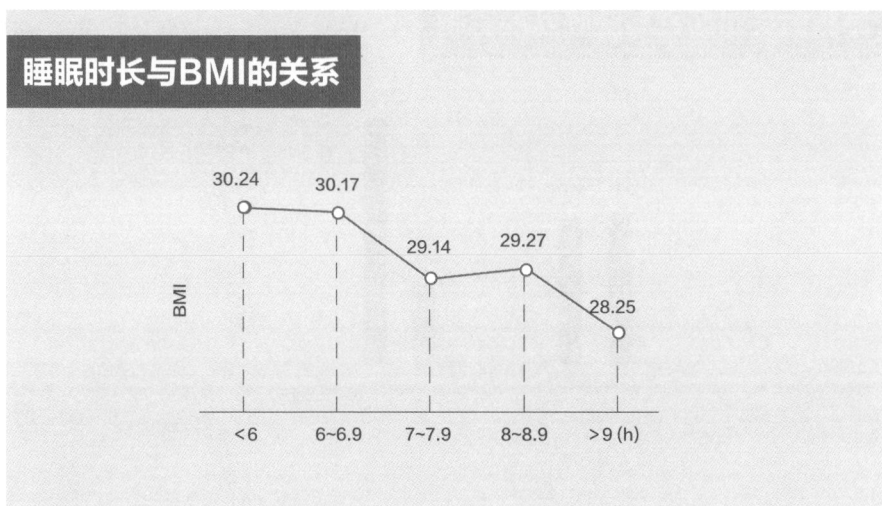

睡眠时长与BMI的关系

BMI

30.24 30.17

29.14 29.27

28.25

<6   6~6.9   7~7.9   8~8.9   >9 (h)

睡眠对体重的影响，主要和睡眠时长会显著影响身体里调节能量摄入和消耗平衡的相关激素（脑肠肽和瘦素）的分泌水平有关 。

1 Taheri, S. The link between short sleep duration and obesity: we should recommend more sleep to prevent obesity. *Archives of Disease in Childhood*, 2006, 91(11): 881–884.

> **Tips**
>
> 瘦素和脑肠肽是与体重密切相关的两个激素，都是调节能量代谢和食欲的相关
> 激素。瘦素的作用在于控制食欲，并促使机体减少热量摄入，增加能量支出，从而使
> 体重减轻。脑肠肽则会让人产生饥饿感，食欲增加，吃得更多，从而增加脂肪含量和
> 体重。

一项实验中，研究人员让受试者连续两天每天只睡4小时，结果发现受试者体
内的瘦素水平下降了18%，而脑肠肽水平则提高了22%[1]。

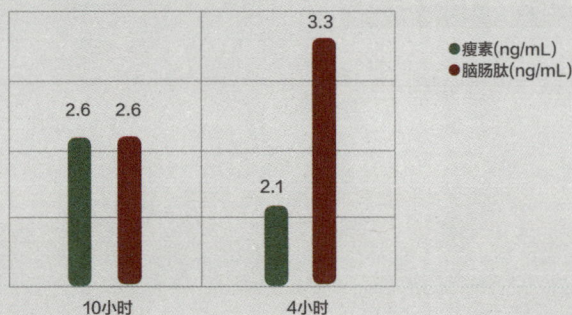

睡眠时长对瘦素与脑肠肽的影响

● 瘦素(ng/mL)
● 脑肠肽(ng/mL)

10小时: 2.6 2.6
4小时: 2.1 3.3

也就是说，当睡眠不足时，身体会更容易发出饥饿的信号，而且更不容易获
得饱足感，从而导致吃得更多，更容易变胖！

另外，睡眠不足也会导致自制力下降，让你更难抵抗美食的诱惑，并且更容
易吃下更多的高脂高热食物。

1 Spiegel K, Tasali E, Penev P, et al. Brief communication: Sleep curtailment in
healthy young men is associated with decreased leptin levels, elevated ghrelin
levels, and increased hunger and appetite. *Annals of Internal Medicine*, 2004,
141(11): 846–850.

更重要的是，睡眠对体重增加的影响，是即使你多动，也不一定能有所改善的！

香港中文大学一项针对运动与睡眠的研究发现[1]，虽然坚持运动可以明显降低超重和肥胖的概率，但对睡眠不足的人来说，活动水平就算比较高，也很难让人瘦——这一点，在男性身上尤其明显。

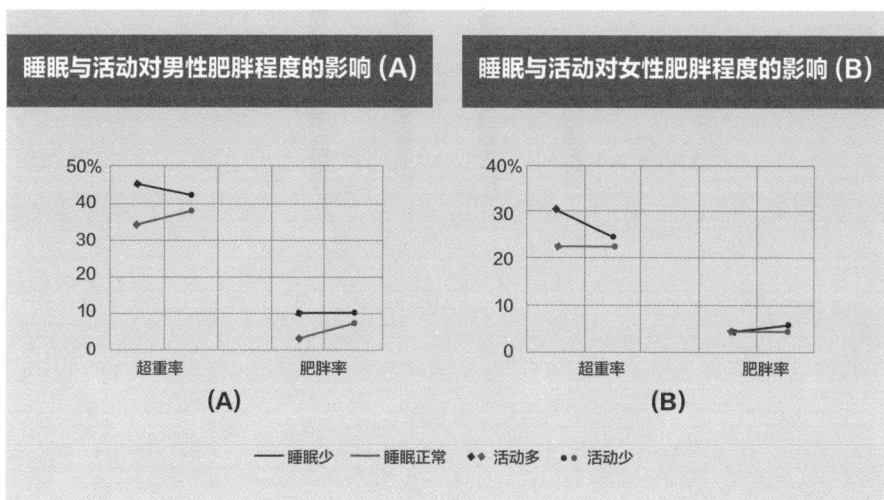

睡眠与活动对男性肥胖程度的影响 (A)

睡眠与活动对女性肥胖程度的影响 (B)

(A)

(B)

—— 睡眠少　—— 睡眠正常　◆◆ 活动多　•• 活动少

可以看到，无论你多动还是少动，睡眠不足都会导致你拥有更高的肥胖率和超重率（男同学更明显）。

也就是说，睡眠时间很可能是比活动水平对体重更重要的影响因素。睡眠时间越短，超重和肥胖的概率也就越大。无论其活动水平高低，都没法抵消睡眠时间短带来的恶劣影响。

当然，也不是说睡得越多越好，科学家说了，平时睡得少，周末拼命补觉的人，肥胖的可能性也比较大[2]。

1 温煦，许世全.睡眠时间、身体活动水平与肥胖的关系初探. 中国运动医学杂志, 2009, 28(4)：367-371.

2 Parsons, M. J., Moffitt, T. E., Gregory, A. M., Goldman-Mellor, S., Nolan, P. M., & Poulton, R., et al. Social jetlag, obesity and metabolic disorder: investigation in a cohort study. *International Journal of Obesity*, 2015, 39(5): 842-848.

昼夜节律紊乱对肥胖的影响

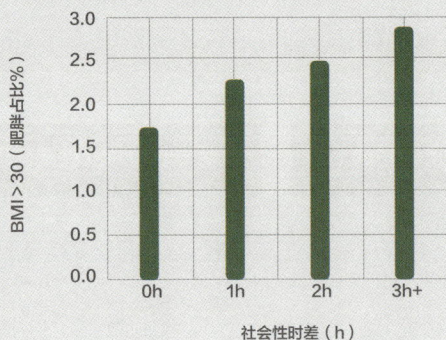

因为昼夜节律紊乱本身也会扰乱身体的相关激素分泌，导致身体往容易胖的激素水平调节。

所以最好还是规律睡眠，该睡睡，定点睡，不要随随便便地扰乱你的生物钟，让身体感到困惑啦。

饮食方式篇

·均衡饮食

饮食方面的指导，咱们已经说过很多。但这里还是要再强调一下：健康的饮食，关键在于均衡。过度偏向于某种营养素、某种食物，比如不吃碳水化合物、不吃脂肪，只吃蔬菜水果等，不仅不利于健康，而且也不容易坚持。详情可见本书第一章和本章第一节。

·正确认识食物

正确认识食物，也是避免吃"错"吃多的有效方式。其中"认识"指的是既知道食物"不好"的一面，也知道食物"好"的一面。

研究发现，如果你只在意这种食物有多不健康，反而会导致你更想吃这种不健康的食物[1]。

而对比单独说一种食物有害健康，客观地认识食物都是有"好"有"坏"的，反而可以减少47%的不健康零食摄入。

比如我告诉你吃巧克力是很容易胖的，你可能不会少吃。但如果我跟你说巧克力的脂肪和糖含量很高，容易让你发胖，不过同时，巧克力里含有一些能促进身体健康的黄酮类物质，这反而会让你少吃不少巧克力。

当然，最好的办法，还是给自己做个无糖的美味巧克力犒劳一下自己啦！

顺带说一下，黑巧克力减肥是骗人的，详情可见菜谱部分的巧克力（本书138页）。

让你吃得更少的小技巧

另外，在认识食物、均衡饮食的前提下，还有很多小技巧也都可以更有效地帮你控制总热量的摄入，让你在吃得好的同时，还能吃得少。

·技巧1：规律饮食

规律饮食：指的是每天定时定点，固定进食频率的饮食方式。

研究表明，规律饮食相比不规律饮食（今天吃2顿，明天吃4顿），可以更好地帮你减重、减腰围[2]。

1 Pham, N., Mandel, N., & Morales, A. C. Messages from the food police: how food-related warnings backfire among dieters. *Journal of the Association for Consumer Research*, 2016,1(1): 175-190.

2 Alhussain, M., Macdonald, I., & Taylor, M. A. Deleterious effects of irregular meal pattern on dietary thermogenesis in obese women. *Proceedings of the Nutrition Society*, 2016, 75(OCE1).

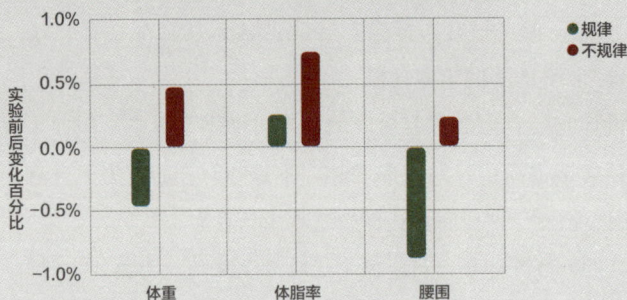

不同饮食规律对体重、体脂、围度的影响

此可能和规律饮食可以更好地增加食物热效应，让你吃一样的东西，消耗更多热量，瘦得更快有关。

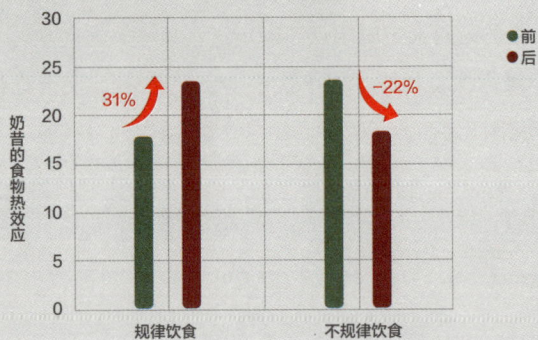

规律饮食对胖人的食物热效应的影响

此外，规律饮食也有助于你控制和调节自己的饮食计划，更好地认识自己的体重和饮食之间的关系。

·技巧2：饭前喝水

仅仅是简简单单的饭前喝一杯水，就能帮你更好地减重，你信吗？

一项伯明翰大学的对比研究表明：在12周时间内，相比餐前不喝水组，餐前喝水组的减重效果明显更好，平均多减了1.3千克[1]。

餐前饮水对减重的作用，可能和以下几方面有关。

首先，餐前喝水可以在一定程度上增加你的饱腹感，帮助你在之后的正餐中减少进食，减重效果自然也就更好。

尤其是对于很多饥饿感和口渴感傻傻分不清楚的同学，饭前喝水可以帮你意识到自己到底是真的饿了，还是只是渴了。

当然，仅仅是增加饱腹感这个理由，显然是不够的，因为喝水带来的饱腹感，迟早还是会消失，能让你一时少吃，却不能让你一世少吃。

其次，研究人员表示，饭前喝水能减重，真正的原理在于喝水起到了一种减肥督促机制的作用！

打个简单的比方，很多同学在减肥时，经常会狠狠饿上一顿，然后等饿昏了头，意识到自己在进食时，已经吃多了。

而饭前喝水，就好比你给自己定了个闹钟，即使再饿，在你准备吃饭时，先喝上一杯水，告诉自己等下就可以吃饭了，正处于减肥过程中所以不能吃太多。有所准备地去进食，饭量自然控制得更好，减重效果也更好。

最后，科学家还表示，喝水减重之所以有明显的效果，和这个方法相对很简单，也不会浪费太多时间有很大的关系。

就像我们之前说的，对于生活习惯不好导致的肥胖问题，一上来就严格地少吃多动，反而容易失败。而简单的小方法，相对更容易坚持，也就更有效果。

所以喝水减肥的真正目的，不在于喝多少水，而在于在适当的时候，给自己一个温馨的提醒。你可以尝试在饭前30分钟喝1~2杯水，零成本，还能帮你瘦！

不过要注意，饭前只建议喝无色无味的纯水，饮料、油汤通通不建议。

1 Parretti, H. M., Aveyard, P., Blannin, A., Clifford, S. J., Coleman, S. J., Roalfe, A., & Daley, A. J. Efficacy of water preloading before main meals as a strategy for weight loss in primary care patients with obesity: RCT. *Obesity*, 2015, 23(9): 1785-1791.

· 技巧3：细嚼慢咽

进食速度也是决定你吃多吃少的关键因素之一。有研究表明，日常吃饭速度快的人，相比那些慢慢吃到饱的人，长胖的概率要高3倍之多[1]。

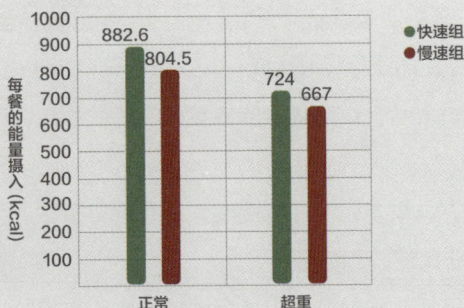

进食快慢与能量摄入

而无论是胖是瘦，相比吃得快的人，细嚼慢咽的人都要吃得更少。正常体重组平均少吃78大卡，超重者平均少吃57大卡[2]。

细嚼慢咽不仅能让你少吃，而且饱腹感也更强，进食欲望相对也更低，对控制饮食更有帮助。

科学家表示，这可能和细嚼慢咽可以让身体里调节血糖和饱腹感的激素更好地正常分泌与反馈有关。

1 Maruyama, K., Sato, S., Ohira, T., Maeda, K., Noda, H., & Kubota, Y., et al. The joint impact on being overweight of self reported behaviours of eating quickly and eating until full: cross sectional survey. *British Medical Journal,* 2008, 337: a2002.
2 Shah, M., Copeland, J., Dart, L., Adams-Huet, B., James, A., & Rhea, D. Slower eating speed lowers energy intake in normal-weight but not overweight/obese subjects. *Journal of the Academy of Nutrition & Dietetics*, 2014, 114(3): 393-402.

所以总的来说，为了更好地控制自己的食量，避免进食过量，细嚼慢咽的确是一种不错的、简单易行又好坚持的方式！

·技巧4：换小餐具

除了食物本身，进餐环境，比如餐具大小、餐盘颜色等很多其他因素也会影响你的饱腹程度。

因为很多时候，你进食的多少，并不取决于你饿不饿，而是取决于提供给你的食物分量和你的视觉感受。

大多数人判断自己吃多吃少，是通过看碗里还剩下多少食物。所以，大碗吃饭，容易让你误以为自己吃得不多，更容易吃过。

美国康奈尔大学的研究人员发现：无论是使用大号餐具还是小号餐具，人们都倾向于将盘内92%的食物送入腹内，所以，用大的餐具，会让你的胃口和进食量都变得更大。

BBC一个比较出名的纪录片*10 Things You Need to Know About Losing Weight*（《关于减肥你应该知道的十件事》）曾提到：只要把盘子换小，或者往盘里放更少的食物，你就能少吃22%的食物。

·技巧5：食物打成糊

吃同样的食物，将食物打成糊状，可以增加食物质感，提高食物的饱腹感，让你吃得更少，更不容易饿，也更有助于减重。

当然，把食物都打成糊状吃在日常生活中也不太现实，而且很多朋友可能会觉得影响食欲、太不雅、太恶心……

不过，生活中本身就有很多糊状的美味，比如各种甜粥、咸粥或者羹汤。你可以在减肥的过程中，多摄入这类食物，从而增加饱腹感。

建议食谱：
菌菇茄汁龙利鱼豆腐煲（本书126页），超低脂沙拉酱（本书236页），无糖脱脂酸奶（本书266页），香滑单皮奶（本书281页）

总之呢，无论是为了减肥还是为了保持身材，选择好的、轻松的、可持续的生活方式，才是持久保持身材的正途！

100卡美食
硬派健身
TOUGH
WORKOUT

2
Chapter

092

三、健身运动饮食

　　想要更好的减脂减重效果，正确饮食的同时搭配合理运动是很重要的一点。

　　健身运动期间正确的饮食摄入，也是保证你有更好的健身运动效果，增肌减脂更高效的关键。

1.健身训练期间（前后2小时），请勿摄入脂肪

　　先说脂肪。脂肪本身就是很多人在减肥期间避之不及的大敌，不过日常饮食中，我们还是建议大家适量摄入脂肪，当然最好是从天然食物中摄入（额外的添加油脂还是尽量避免为好）。

　　日常饮食中适量的脂肪摄入不仅是均衡饮食的重要组成部分，而且对健康也更有益处。身体需要补充脂溶性维生素，健身者日常摄入适量饱和脂肪对睾酮分泌也有益处。

　　不过在运动期间，为了达到更好的训练效果，健身前后2小时，请尽量避免摄入脂肪！

　　首先，脂肪会抑制对增肌减脂有益的生长激素的分泌，直接导致训练效果变差！

> **Tips**
> 　　生长激素能促进蛋白质合成，有利于生长发育和组织修复，还能抑制外周组织对葡萄糖的利用，减少葡萄糖的消耗，加速脂肪的分解，使机体的能量来源由糖代谢向脂肪代谢转移，是增肌减脂所需的重要激素。

在一项研究中，科学家让受试者在训练前分别摄入三种不同的食物：一种是零卡路里的安慰剂，一种是含有脂肪的液体食物，最后还有高葡萄糖饮料。然后这些受试者被要求进行10分钟高强度自行车运动，并监测了他们的生长激素生成水平。

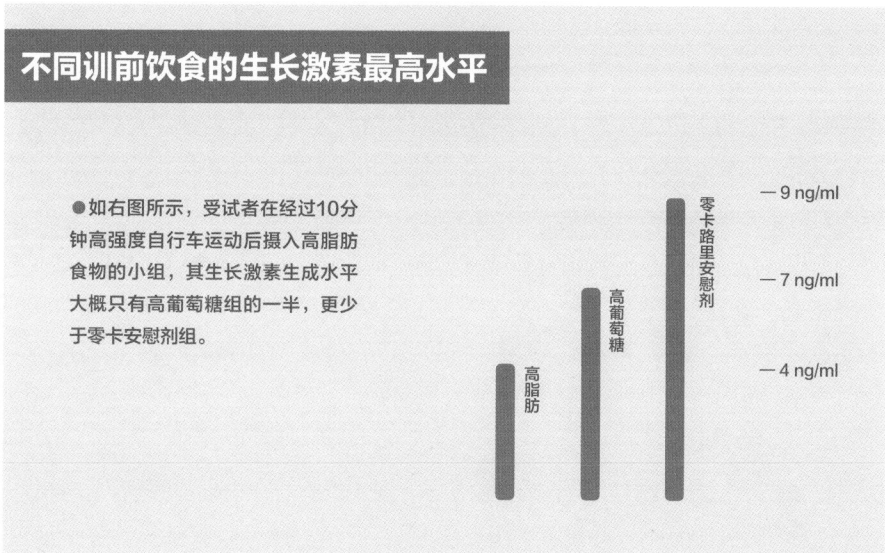

不同训前饮食的生长激素最高水平

● 如右图所示，受试者在经过10分钟高强度自行车运动后摄入高脂肪食物的小组，其生长激素生成水平大概只有高葡萄糖组的一半，更少于零卡安慰剂组。

高脂肪　高葡萄糖　零卡路里安慰剂

— 9 ng/ml

— 7 ng/ml

— 4 ng/ml

结果发现，三组受试者的生长激素水平有明显差异：训前摄入高脂肪食物组的生长激素生成水平大概只有高葡萄糖组水平的一半，连零卡路里安慰剂组的一半都不到[1]。

一句话，生长激素是增肌减脂所需的重要激素，而高脂肪食物会影响生长激素的正常分泌，直接导致训练效果变差！

1 Cappon, J. P. , Ipp, E. , Brasel, J. A. , & Cooper, D. M. Acute effects of high fat and high glucose meals on the growth hormone response to exercise. *The Journal of Clinical Endocrinology & Metabolism*,1993, 76(6): 1418–1422.

另外，训练后肌肉蛋白的合成速率大大提高，人体也会进行超量恢复，是最佳的进食时间（具体原因我们下面详说），此时应该多摄入高GI碳水化合物和蛋白质来满足更多的胰岛素分泌和身体糖原合成储备[1]。

一项针对自行车运动员的研究发现，在运动员力竭后运动恢复期间，摄入高血糖指数的食物可以明显地提高糖原的合成速率与数量，而且血糖和胰岛素的浓度明显高于摄入低血糖指数食物的对照组[2]。

而脂肪的血糖生成指数GI很低，运动中和运动后摄入脂肪既不利于刺激胰岛素分泌，也不利于糖原合成，反而会起到一定的抑制效果，让训练效果变差。

最后，运动中和运动后常常会出现身体消化能力变差的情况，此时更不应该摄入脂肪这类难以消化的食物，以免出现肠胃不适等问题。

所以总结一下：日常饮食中可以适量摄入脂肪，不过训练前后2小时，请大家尽可能少吃脂肪，巧克力、士力架、奶糖、全脂牛奶什么的，并不是运动期间的合适食物。

建议食谱：
越南春卷（本书130页），宫保鸡丁（本书143页），肉食者比萨（本书211页），蟹肉玉米饼（本书227页）

2.训前饮食怎么吃，有劲儿又减肥？

想要保证更好的训练效果，健身训练期间不摄入脂肪是其一，另外，训练前

1 Burke, L. M., Collier, G. R., & Hargreaves, M. Muscle glycogen storage after prolonged exercise: effect of the glycemic index of carbohydrate feedings. *Journal of Applied Physiology*, 1993, 75(2): 1019–1023.
2 Jozsi, A. C., Trappe, T. A., Starling, R. D., Goodpaster, B., Trappe, S. W., & Fink, W. J., et al. The influence of starch structure on glycogen resynthesis and subsequent cycling performance. *International Journal of Sports Medicine*, 1996, 17(5): 373–378.

后正确地摄入碳水化合物和蛋白质也是很重要的一步。

下面我们先来说说，为了达到更好的训练效果，训练前应该吃什么，怎么吃？

● 塑形健身怎么吃？

一句话结论：为了塑形健身，一般建议训练前2小时摄入适量低GI碳水化合物，同时避免脂肪的摄入。

这样既可以促进运动表现，增加运动耐力，还可以促进脂肪分解，同时不影响运动中的生长激素的分泌。

具体的大家可以选择训练前2小时吃一碗燕麦，或者几片全麦面包，或者是苹果、香蕉这类含糖量比较低的水果。

训前2小时左右进食，保证能源供给

为什么我们建议训前2小时进食？

因为提前进食既可以保证能源供给，也可以保证到训练的时候，食物已经被消化得差不多了，不会引起肠胃不适，影响运动体验。

训前低GI，让你跑得更快，减脂更多！

那为什么训前建议吃低GI食物呢？

首先，相比高GI食物，运动前2小时进食低GI碳水化合物，训练中的燃脂效率更高[1]。

一项实验表明，运动前进食同等热量、同等营养配比、不同GI值的食物，相比高GI食物，低GI食物能让运动中的脂肪供能提高17.4%[2]。也就是说，吃低GI碳水化合物，身体可以消耗更多脂肪。

---

1 Febbraio M A, Keenan J, Angus D J, et al. Pre-exercise carbohydrate ingestion, glucose kinetics, and muscle glycogen use:effect of the glycemic index. *Journal of Applied Physiodgy*, 2000, 89(5): 1845-1851.

2 王香生, 陈亚军, 骆卓明.运动前进食不同血糖指数食物对长跑能力的影响.中国运动医学杂志, 2003, 22(5): 453-457.

21km跑步成绩/分钟

● 如右图可以看出，运动前摄入高GI值饮食的人，在21 km的长跑中用时更长，平均要用101.5分钟，摄入低GI值饮食的人成绩更加优秀，平均用时98.7分钟。

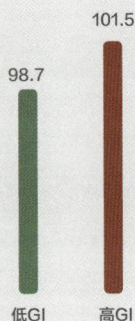

101.5

98.7

低GI   高GI

研究人员认为，这可能和低GI碳水化合物更好地促进了肾上腺素分泌，从而进一步刺激脂肪的分解动员有关。

另外，可能与常识相反，研究发现，相比高GI食物，运动前吃低GI碳水化合物对提高运动耐力更有好处[1]。

不同训前饮食对运动时体内脂肪的消耗对比/g

● 如右图可以看出，运动前摄入低GI值饮食的人，在运动中消耗的脂肪更多，平均达到54 g，而摄入高GI值饮食的人平均只有46 g。

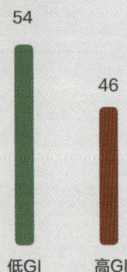

54

46

低GI   高GI

还是前面那个运动前进食同等热量、同等营养配比、不同GI值食物的研究，研究人员发现，训前低GI组的受试者，相比高GI组的受试者21km跑步时间缩短了

1 DeMarco H M, Sucher K P, Cisar C J, Butterfield G E. Pre-exercise carbohydrate meals:application of glycemic index. *Medicine and Science in Sports and Exercise*, 1999, 31(1): 164–170.

2.8分钟，成绩提高了2.8%，运动表现更好。

训练前，不要摄入脂肪！

至于脂肪，虽然脂肪的GI值是很低，但是前面我们已经说过了，脂肪会直接影响训练中的生长激素的分泌，让训练效果变差，肯定是不建议吃的。

建议食谱：
全麦面包（本书116页），蔬菜团子（本书121页），香甜爆米花（本书251页），葱香苏打饼（本书299页）

● 极限减脂怎么吃？空腹更高效！

训前2小时进食低GI碳水化合物针对的是大多数以塑形为健身需求的朋友。如果你的目标是极限减脂，那你也可以选择空腹训练，也就是训练前不进食，这样燃脂效率会更高。

很多研究都表明，空腹训练更有益于脂肪的消耗，并且能提高静息代谢率。

一项针对超重者的实验发现，相比早餐后散步（脂肪供能216大卡），早餐前的空腹散步（脂肪供能298大卡）可以提高33%左右的脂肪消耗[1]。

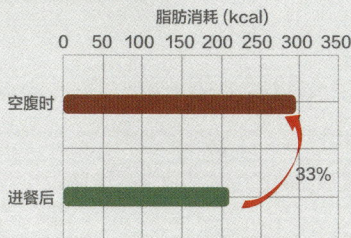

空腹训练对脂肪消耗的影响

脂肪消耗 (kcal)

0 50 100 150 200 250 300 350

空腹时

进餐后   33%

1 Farah N M, Gill J M.Effects of exercise before or after meal ingestion on fat balance and postprandial metabolism in overweight men. *British Journal of Nutrition*, 2013, 109(12): 2297-2307.

空腹训练更减脂，主要是因为人在空腹状态下，身体糖原储备较少，当糖原浓度较低时，身体会动员更多脂肪水解产生热量（脂肪酸氧化），所以脂肪的消耗会增加。

不过也正是因此，建议有心脑血管疾病的朋友少空腹训练（估计我的关注者里比较少，但可以告诫自己的爸爸妈妈）。血浆内高浓度的游离脂肪酸可能会让血小板黏集形成血栓，或者导致心律失常，血脂高或者血压高的人要非常小心。

对大多数朋友来说，空腹训练还是没有什么危害的，只要注意运动过程中多补水就行了。

空腹运动时多喝水，不仅更有利于减脂，还可以避免脂肪动员消耗过程中产生的过多酮体给身体带来的副作用。

另外，有的朋友可能担心空腹运动时没力气会导致训练效果变差，或者运动着运动着就低血糖晕过去了。

这一点大家可以安心。一般情况下，人体自身储备的能源都足够支撑90分钟左右的运动消耗。

如果是经常运动的朋友，人体的脂肪动员和消耗能力会更强，可以让更多的脂肪供能，参与到训练中，更不必担心储备不足[1]。

关于空腹运动会不会造成低血糖的问题，一项针对 Ⅱ 型糖尿病病人空腹锻炼的研究表明，早起空腹训练并没有让受试者产生低血糖的症状[2]，这可能与早起皮质醇、胰高糖素（一种参与升糖的激素）分泌较多有关。

不过，如果你已经有低血糖的问题，或者本身就有一些糖代谢方面的疾病，那还是不建议训前空腹的，毕竟安全还是第一位的。

对于既有减脂需求，又不希望空腹运动消耗肌肉（瘦体重）的高阶训练者，可以考虑在训练前摄入3克BCAA（支链氨基酸）或者1克HMβ（一种运动营养剂），这些补剂都被证明可以保护运动中的肌肉不损耗。

1 张勇，李之俊.训练者和无训练者脂肪氧化动力学与最大脂肪氧化强度研究. 体育科学,2013, 33(2)：61-68.
2 王宁，孙玉梅，刘志英. 晨起空腹运动对2型糖尿病患者血糖的影响. 中华保健医学杂志,2011, 13(6)：477-479.

此外，有研究发现，如果空腹运动前用糖水漱口，也能在一定程度上增加训练中的耐力和训练效率。所以大家可以尝试在空腹运动前，用6%浓度的糖水漱口30秒（比如运动饮料或者一杯水加一勺糖）。

● **极限增肌怎么吃？训前来一杯！**

对以增肌为目标的朋友们来说，目前研究表明，训前即刻服用必需氨基酸+碳水化合物（实际上也就是蛋白粉+糖），比训练结束后再服用，更有利于肌肉蛋白的合成，能促进肌肉增长。

因为训练引起的肌肉合成，主要取决于到达目标肌群的氨基酸量有多少[1]，训前就吃蛋白质可以保证有更多的氨基酸及时到达目标肌群。

在一项研究中，实验者对比了腿部训练时分别在训练前和训练后摄入蛋白粉+碳水化合物的受试者，目标肌群中氨基酸的浓度和净吸收率。

结果发现，运动前摄入蛋白粉+糖，受试者腿部氨基酸的浓度远高于运动后再摄入的。

营养液摄入时间对肌肉合成应答的影响

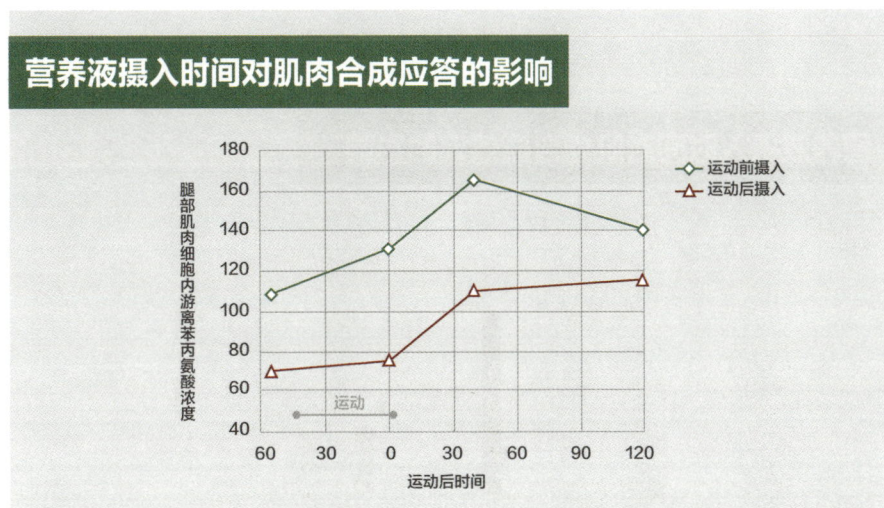

1 Tipton, K. D., Rasmussen, B. B., Miller, S. L., Wolf, S. E., Owens-Stovall, S. K., Petrini, B. E., & Wolfe, R. R. Timing of amino acid-carbohydrate ingestion alters anabolic response of muscle to resistance exercise. *American Journal of Physiology-Endocrinology And Metabolism*, 2001, 281(2): E197-206.

100卡美食

硬派健身
TOUGH
WORKOUT

2
Chapter

100

要知道，力量训练后，身体的肌肉蛋白合成率会增长近300%，是肌肉合成最快的时候[1]，此时目标肌群里的氨基酸含量越高，自然越有利于肌肉的合成。

力量训练对蛋白质合成的影响

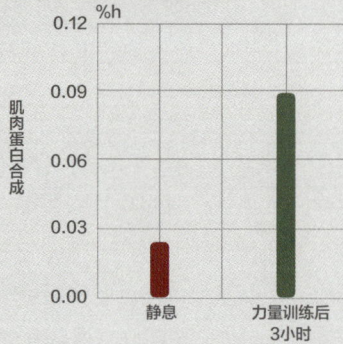

可以看到，在这个时间段内，训前摄入组的氨基酸吸收要远远高于训后摄入组，再加上肌肉的合成效率更高，肌肉增长自然就更多!

营养液摄入时间对肌肉合成效率的影响

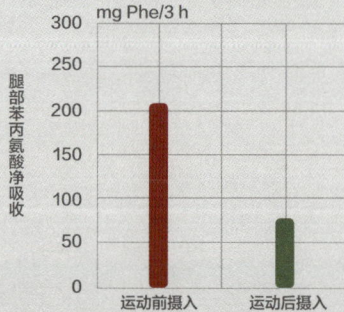

1 Biolo, G., Maggi, S. P., Williams, B. D., Tipton, K. D., & Wolfe, R. R. Increased rates of muscle protein turnover and amino acid transport after resistance exercise in humans. *American Journal of Physiology*, 1995, 268(3): E514-520.

所以，如果你想极限增肌，在训练前摄入蛋白质+碳水化合物，最有利于刺激肌肉的生长。也就是说，训练前来一杯运动饮料冲服的蛋白粉，就非常不错。

> 建议食谱：
> 牛奶咖啡布丁（本书243页），牛奶桃胶（本书278页），香滑单皮奶（本书281页）

3.训后饮食怎么吃？

健身运动后正确的饮食，则是保证你不白练、练出效果、下次训练还能更有劲儿更高效的关键。

训后饮食最重要的有三点：

· 多吃高GI碳水化合物；

· 多吃蛋白质；

· 尽量不吃脂肪。

另外，由于日常的运动类型可以粗略分为有氧和抗阻训练两大类，所以咱们分开来说说这两种运动后为什么要吃，怎么吃。

训练中

促进有益激素分泌，提升力量，增进耐力，增肌减脂。

碳水	≤60 g/h，少量多次；高 GI，易吸收
蛋白质	10~30 g 必需氨基酸，建议乳清蛋白粉
脂肪	杜绝

推荐食物：1杯糖水或蜂蜜水 / 运动饮料 / 几块糖果 + 蛋白粉 /2~3 个蛋清

训练后2小时内

促进身体恢复，超量储备糖原作为体能，增加肌肉，增进免疫力，享受人生！

碳水	1.2 g/kg 体重；中高 GI
蛋白质	≥建议日总摄入 1.2~1.7 g/kg 体重
脂肪	尽量避免

推荐食物：精粮主食（如白米、白面）+ 几两瘦肉

100卡美食
硬派健身
TOUGH
WORKOUT

2
Chapter

102

● 有氧运动

有氧运动后，吃还是不吃？

运动后到底能不能立刻吃东西？运动后吃东西身体会吸收得更好吗？练完不吃会不会瘦得更快？

很多朋友都对运动后的饮食抱有疑虑，觉得我辛辛苦苦运动大半小时，要是全给吃回来岂不是亏大了？

今天我就明确告诉各位：运动后当然要吃！不吃饱，哪儿有力气减肥啊！

糖原，你的减肥能源

初高中生物书中曾经告诉过大家：人体运动是会消耗糖原的。

> 糖原主要存在于肌肉和肝脏中，有肌糖原和肝糖原之分。
> 其中肌糖原作为肌肉活动的基本能源物质，通过糖酵解或有氧代谢为运动提供能量；而肝糖原的功能是当身体缺乏葡萄糖时，就分解为葡萄糖，进入血液维持血糖稳定。
> 一个普通人，肌糖原有300~500克，肝糖原有100克左右。

另外，在你运动减肥过程中，糖原和脂肪的消耗是"搭售"进行的。我们曾经说过，当你做高强度运动时，虽然运动中为了更好地供能消耗的是糖，但糖原是身体很重要的供能储备，在运动后，身体会通过消耗脂肪的方式让你把欠它的糖补充回来，也就是EPOC（运动后过量氧耗）。

运动后恢复期内为偿还运动中的氧亏，以及在运动后使处于高水平代谢的机体恢复到安静水平时消耗的氧量，称为运动后过量氧耗。运动后过量氧耗是运动后持续燃脂的关键。

糖原那么重要，而糖原最主要的补充方式就是吃。换句话说，如果不吃饭，没有充足的糖原储备，就没办法高效运动，更没办法有效减肥。

运动后，不吃更胖

很多人担心，运动后吃饭会吸收得更好。

这倒没错，科学家发现，运动后合理进食的确会让胰岛素增加[1]。胰岛素能够促进肌细胞和肝细胞吸收你吃下去的营养的激素，也就是让身体吸收更好。

不过大多数人不知道的是，运动后吸收更好，不是让你吃下去的东西变成平日里长的肥肉，而是帮你更好地储存为能量，也就是我们前面介绍过的减肥能源。

研究者发现，运动后即刻补充糖原，糖原的合成速度非常高，可以达到5～10 mmol/（kg·h），但如果推迟几小时摄入，糖原合成速度就非常低了[2]。

这意味着什么呢？聪明如你，在听到上述的情况后，来思考一个问题：

如果同样吃一碗饭，你在运动后吃，由于运动后补充糖原的速度高，这些食物就转换成为糖原。那么，你在平时吃，这些热量不转换成糖原，会变成什么？

当然是肥肉！！！

同样一碗饭，运动后吃，会变成减肥的能源；平时吃，会变成肥肉！

也就是说，如果你一天摄入的食物总量不变，你运动后吃，肯定会比其他时间吃要瘦得多。

不吃饱哪儿有力气减肥

对运动减肥的朋友来说，运动后好好吃饭，是让你下一次运动更有劲儿的关键。

一项实验中，研究者对比了运动后几乎不吃东西（<20千焦）、吃半固体食物（大米甜布丁）和喝葡萄糖饮料对运动疲劳度的影响[3]。

1 Farrell, P. A., Fedele, M. J., Vary, T. C., Kimball, S. R., & Jefferson, L. S. Effects of intensity of acute-resistance exercise on rates of protein synthesis in moderately diabetic rats. *Journal of Applied Physiology*, 1998, 85(6): 2291-2297.

2 Brooke, J. D., & Green, L. F. The effect of a high carbohydrate diet on human recovery following prolonged work to exhaustion. *Ergonomics*, 1974, 17(4): 489-497.

3 Brooke, J. D., & Green, L. F. The effect of a high carbohydrate diet on human recovery following prolonged work to exhaustion. *Ergonomics,* 1974, 17(4): 489-497.

运动后进食对下次运动耐力的影响

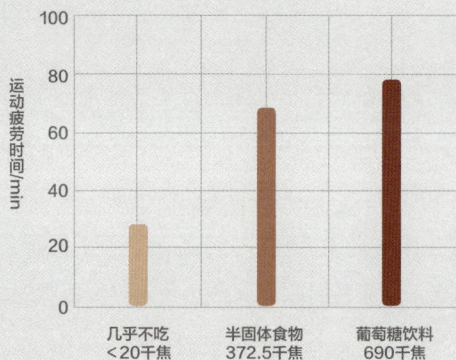

结果发现，运动后几乎不吃的受试者，在第二次运动中很快就出现了疲劳（29分钟），吃了半固体食物和喝葡萄糖饮料的受试者，运动耐力都超过了不吃的训练者两倍以上。

所以，不吃饱，怎么有力气减肥呢？

训练后吃东西→转换为能量→第二天更有劲儿训练→良性循环

训练后不吃→没力气锻炼→放弃减肥→恶性循环

吃什么更好？

一句话概括：训练后，多吃高GI值碳水化合物、优质蛋白质，少吃脂肪！

高GI值的碳水化合物可以引起较高的胰岛素效应，能更好地刺激肌糖原和肝糖原的合成加速[1]。

一项研究中，科学家对比了运动员在运动后补充蔗糖（高GI）和果糖（相对低GI）后的身体糖原合成速率。结果发现，摄入蔗糖的运动员糖原合成速率是6.4

1 冯炜权,等. 运动生物化学研究进展. 北京体育大学出版社，2006.

mmol/（kg·h），而摄入果糖的运动员只有3.3 mmol/（kg·h），相差近一倍[1]。

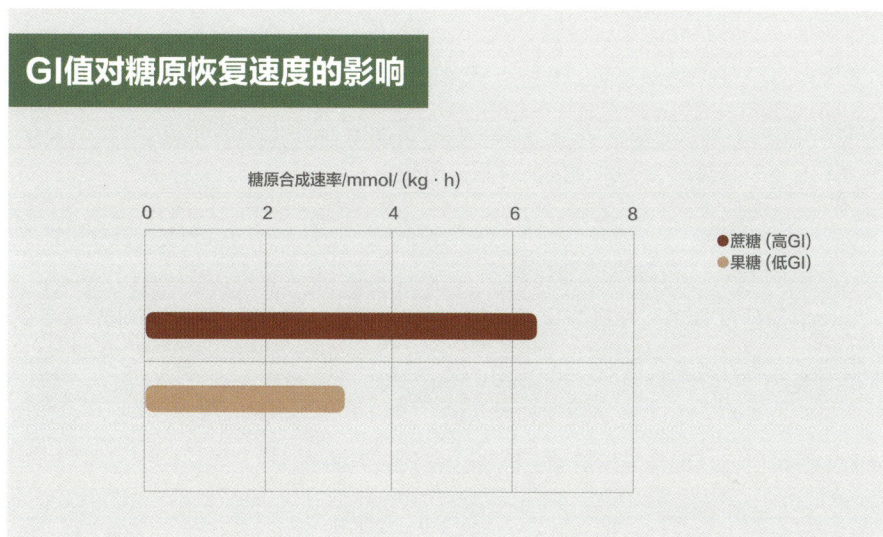

GI值对糖原恢复速度的影响

糖原合成速率/mmol/（kg·h）

● 蔗糖（高GI）
● 果糖（低GI）

运动后补充蛋白质也可以促进胰岛素分泌，同时还有助于肌肉的恢复和生长，所以也可以多吃。

至于脂肪，本节一开始咱们就说过，脂肪的GI值比较低，还会导致对增肌减脂有利的生长激素的分泌减少，不利于身体恢复，所以训练后的2小时恢复黄金期，请尽量少吃！

简单说，就是运动后的那一餐，你可以选择吃口感好的精米精面，搭配少油低脂肪的瘦肉、鸡蛋来补充必需的蛋白质就可以啦。

建议食谱：
冬日双姝（本书208页），石锅拌饭（本书223页），香甜爆米花（本书251页）

1 Blom, P. C., Høstmark, A. T., Vaage, O., Kardel, K. R., & Maehlum, S.Effect of different post-exercise sugar diets on the rate of muscle glycogen synthesis. *Medicine and Science in Sports and Exercise*,1987, 19(5): 491–496.

100卡美食

硬派健身
TOUGH
WORKOUT

2
Chapter

106

● **力量训练**

在上一节，我们已经跟大家说明了，跑步后必须吃东西，不吃更胖。原因是有氧运动后及时补充碳水化合物和蛋白质，身体会把吃下去的食物变成下次运动的能源储备，帮你越吃越瘦；相反，你平时不运动时吃同等的食物则容易被身体储存为脂肪。

下面我们来聊聊，力量训练后该不该大吃，吃点啥。

力量训练后，吸收真的会变好？

这个倒是没有错。和有氧运动一样，某种意义上，力量训练后身体对营养的吸收和利用能力确实会变好。

研究者发现，运动后补充糖和氨基酸，可以大幅刺激胰岛素的分泌[1]。而胰岛素的主要作用就是促进身体对糖、脂肪、氨基酸等的利用。

运动后补充糖和氨基酸对胰岛素分泌的作用

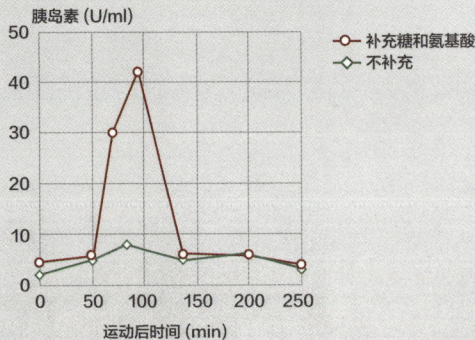

不过且慢！谁说胰岛素增长就是用来长肉的？谁说吸收变好就是让人长胖的？

---

1 Rasmussen B B, Tipton K D, Miller S L, et al. An oral essential amino acid–carbohydrate supplement enhances muscle protein anabolism after resistance exercise. *Journal of Applied Physiology*, 2000, 88(2): 386–392.

恰恰相反，力量训练后的胰岛素增长，反而是让你更瘦，同时让你训练效果更好的！

健身后，吃饭更能瘦！

健身后，身体跟你平时吃饭睡觉打豆豆时的状态不同，由于力量训练对肌肉的消耗和重建需求，健身后3小时，你身体的肌肉蛋白合成速率会增长近300%[1]！而身体对蛋白质的需求量也会提高将近100%[2]！

这意味着，健身后是最佳的肌肉生长时间，此时身体对蛋白质的需求最大，肌肉合成也最快。也就是说，健身后吃蛋白质，这些蛋白质可以更好地被身体消化吸收，变成让你燃脂更多、身体更好的肌肉（瘦体重）。

Tips

肌肉（瘦体重）的好处有哪些？

· 肌肉可以帮助你在日常生活中消耗更多卡路里，助你瘦。（即使你一天待着不动，1千克肌肉也可以消耗15大卡热量，而1千克脂肪只能燃烧2大卡热量而已，更不要提身体中只有2%~5%的脂肪会参与到新陈代谢中[3]。）

· 肌肉可以让你的身材更紧致显瘦。同等质量的肌肉密度远比脂肪来得大，所以即使体重不变，如果肌肉增加，脂肪减少，视觉上也会看着瘦得多。（这也是力量训练长肌肉本身就跟减肥、塑形息息相关的原因！）

另外，由于力量训练也会大大消耗身体内储存的糖原，同有氧训练一样，身体需要在运动后储备更多的能量进行超量恢复，为下次更好地训练做储备，这也

1 Biolo, G., Maggi, S. P., Williams, B. D., Tipton, K. D., & Wolfe, R. R. Increased rates of muscle protein turnover and amino acid transport after resistance exercise in humans. *American Journal of Physiology*, 1995, 268(3): E514–520.

2 Lemon,P.W.,Tarnopolsky,M.A.,et al. Protein requirements and muscle mass/strength changes during intensive training in novice bodybuilders. *Journal of Applied Physiology*, 1992, 73(2): 767–775.

3 Owen,O.E. Resting metabolic requirements of men and women.*Mayo Clinic Proceedings*, 1988, 63(5): 503–510.

100卡美食
硬派健身
TOUGH
WORKOUT

2
Chapter

108

需要你在力量训练后摄入更多的碳水化合物。

总结一下就是：力量训练后立即补充碳水化合物和蛋白质→身体分泌更多胰岛素→更好地促进肌肉吸收氨基酸和恢复糖原→肌肉更好地合成、糖原储备更多→训练效果更好、下次运动更高效。

所以同学们现在知道了吧，如果在健身之后什么都不吃，你不仅会丧失下次训练的动力（糖原不恢复），而且你这次健身也基本上白练了，根本就没有塑形减脂效果（肌肉合成降低）！

力量训练→吃→身材好了、精力充沛、有劲儿锻炼。
力量训练→不吃→训练无效、无精打采、体重变重。

力量训练后，吃什么？

力量训练后正确的进食模式和有氧训练后基本一样：多吃高GI值的简单碳水化合物，配合优质蛋白质，尽量避免脂肪！

运动后补充高GI值的碳水化合物和必需氨基酸，可以高效促进胰岛素分泌、糖原合成和肌肉恢复。

不建议吃脂肪，除了脂肪GI低不利于促进胰岛素分泌外，还因为脂肪会引

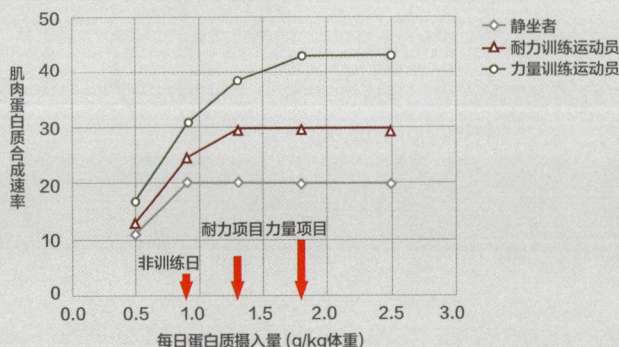

不同训练方式的蛋白质摄入需求

起对肌肉生长有益的生长激素的分泌减少，不利于肌肉合成，直接影响力量训练效果。

另外，力量训练由于有长肌肉的需求，身体对蛋白质的总需求量更大，力量训练日也应该比平日多摄入一些蛋白质。

● 增肌无效，减脂不力，你吃对了东西，吃错了时间

前面咱们从科学理论的角度，分析了为什么运动后一定要好好吃饭。

再强调一遍：

运动后是增肌减脂的最佳饮食窗口期，一定要及时摄入营养。

此时吃的东西不会变成脂肪，而是会变成你身体里面用于第二天训练的能量——糖原，以及辅助燃脂、紧致身材的肌肉。

不过，很多朋友可能会觉得这些理论性太强，想着都是吃饭，只要总热量控制好，运动后吃和其他时间吃，效果应该不会差太多。

而且还有朋友会觉得锻炼完就吃饭不方便也不好操作，于是不想照着做。

正好，在最新的一项研究中，科学家就专门对比研究了运动者在不同时间段摄入营养，对增加肌肉和减少脂肪的效果差异[1]。

研究人员将受试者随机分为两组：

所有受试者的总训练量保持一致：都是深蹲、动感单车等常见健身项目；

所有受试者的总摄入量保持一致：正常吃饭+额外摄入一份营养补充剂（1克/千克，平均不到300大卡，包含32克蛋白质，34.4克碳水化合物，0.4克以下的脂肪）。

两组受试者的差异只在于营养补充剂的摄入时间：一组人是在健身前到健身后摄入；一组人则是在每天早晚摄入。

1 Coura, Jim; Anbour, Mellissa. Greater Muscle Hypertrophy During Resistance Training with Supplement Strategy. *Drugs & Supplements in Exercise & Sport*, 2017: 20-25.

100卡美食

硬派健身
TOUGH
WORKOUT

2
Chapter

110

不同时间摄入营养对瘦体重的影响

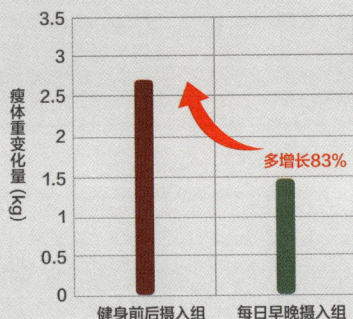

多增长83%

瘦体重变化量（kg）

健身前后摄入组　　每日早晚摄入组

不同时间摄入营养对减脂的影响

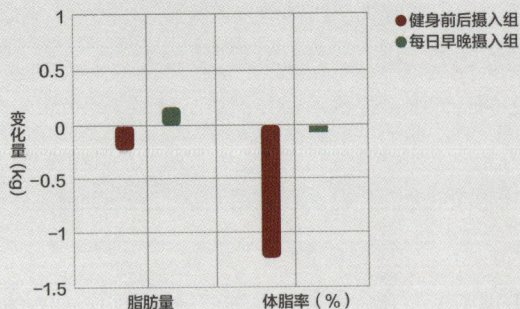

● 健身前后摄入组
● 每日早晚摄入组

变化量（kg）

脂肪量　　体脂率（%）

　　结果发现，只是摄入时间不同，10周训练后，两组人的体成分差异（包括体重、体脂、瘦体重含量等指标）居然有明显差别。

不同时间摄入营养对肌纤维的影响

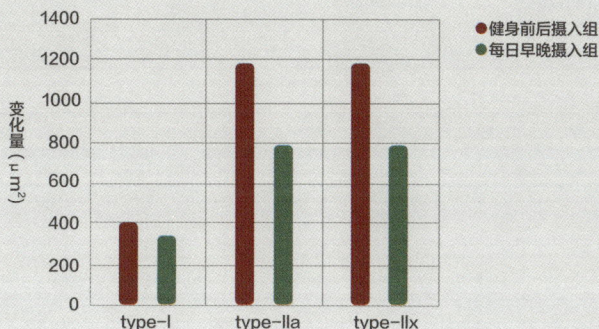

在健身前后摄入营养剂的训练者，瘦体重增长比平时摄入组多增加了83%[1]。

不仅如此，把营养剂放到健身前后摄入的训练者，无论是总体脂量下降比，还是体脂率下降比，都大大优于平时摄入组！（平时补充营养剂组的总脂肪量还有微微增长，只不过由于肌肉也有所增长，总体脂率才有所降低。）

从肌纤维的增长变化看，健身前后摄入营养剂，无论是快肌纤维还是慢肌纤维的增长，也都比日常摄入组要更好，说明健身前后摄入营养剂，对训练效果也更好。

所以即使是热量相同一模一样的食物，放在运动前后吃和放在日常吃，也会起到不一样的效果。

既然大家已经选择认认真真去锻炼了，为了不辜负锻炼成果和让下次锻炼更有劲儿，还是建议在运动后一定要好好吃饭，这会让你的训练效果加倍，同时更好地增肌燃脂！

1 Coura, Jim; Anbour, Mellissa. Greater Muscle Hypertrophy During Resistance Training with Supplement Strategy. *Drugs & Supplements in Exercise & Sport*, 2017: 20-25.

完美塑形食谱

100卡美食

硬派健身
TOUGH
WORKOUT

自己动手，在家轻松完成

健康美味的减脂料理！

3

100卡美食
硬派健身
TOUGH
WORKOUT

3
Chapter

114

关于运动减肥到底该怎么吃，前面两章已经介绍了很多相关理论。在这一章中，我们正式教大家自己动手，在家轻松完成健康美味的减脂料理！

由于运动减脂期间的饮食，可以分为平日吃和训后吃两个大的时间段，再加上很多朋友比较嘴馋，还喜欢吃点小零食什么的，所以下面的食谱主要分为三大块：平时吃、训后吃和随便吃，方便大家根据自身需求轻松查找。

平时吃：适合作为不运动时的日常正常饮食，热量适中，饱腹感强，营养搭配合理，GI值较低，有助于控制血糖波动，更扛饿；

训后吃：适合作为健身运动后的那一餐吃，高GI碳水化合物、高蛋白、低脂肪，能更好地促进糖原、肌肉合成和身体恢复，横菜为主，可以大快朵颐；

随便吃：任何时候都可以吃，主要特点是热量低，饱腹感强，解馋不怕胖。

另外，在正式开始之前，先给大家安利一个烹饪控油神奇——油喷壶。相比传统做饭的时候直接倒油或者用刷子刷油，油喷壶可以更好地控制用油量，而且覆盖面更广，少油又不用担心粘锅，非常适合做低卡少油料理的时候使用。

一、

平时吃

Daily diet

TOUGH WORKOUT

100卡美食
硬派健身
TOUGH
WORKOUT

3
Chapter

116

1 全麦面包

TOUGH WORKOUT

你买的是全麦面包，还是全麦颜色的面包？

全麦面包确实是好东西，不仅富含膳食纤维，营养更全面，饱腹感更强，而且低GI值的碳水化合物还能让血糖和胰岛素分泌保持稳定，更不容易饿。

现在很多朋友也都知道平时要多吃全麦、粗粮等健康食品，面包也都专挑那些褐色的"全麦"面包。

但是，市面上很多所谓的"全麦"面包，大多数只是添加了一点点麦麸，并不是用全麦粉烘焙的，有些甚至只是白面精面在加工时添加了食用色素而已。

**Tips**

如何鉴别真正的全麦面包？

看食品标签就可以。如果是真的全麦面包，那么食品配料表的第一位应该写的是全麦粉，而非小麦粉。而我们常见的假全麦面包，主要成分是小麦粉+麸皮、小麦粉+全麦粉，还有少量会用全麦粉+小麦粉，但很少有真正的全部用全麦粉制作的。

即使你买到的真是全麦粉做的全麦面包，如果口感好的话，里面的油脂含量也超级可怕！

因为如果是用全麦粉做的无油面包，口感会相当硬和糙！（比如欧洲一些地区的面包，牙口不好的估计能崩掉一半。）

国内的商家为了口感好，销量好，自然会选择在做面包的时候加入大量油脂了。另外，这也可能和亚洲人的饮食习惯有关，无油无糖的面包，在欧美国家比较常见（可能也因为面包是他们的主食之一，会搭配菜食用），而亚洲的面包则普遍松软，也含有更多油脂。

我记得当年看《日式面包王》时，里面也提到过：由于日本人的唾沫比欧美人少，所以对面包的干和硬相对更敏感，在食品制作过程中，也会添加更多的油和糖来改善口感。

所以想吃真正健康的无油全麦面包，还是自己在家做最保险。

材料 *Materials*

全麦面粉300克、脱脂奶粉50克、麦片5克、酵母5克、代糖1克、盐3克、温水200克、保鲜膜

100卡美食

硬派健身
TOUGH
WORKOUT

3
Chapter

118

做法
Practice

1. 全麦面粉中加入脱脂奶粉、盐、代糖搅拌均匀；
2. 在温水中加入酵母搅开；

3. 将酵母液倒入全麦面粉中，用筷子搅开，然后用手和面至面团表面光滑；

4.将面团盖上保鲜膜，20 ℃左右室温发酵半小时；

5.面团发起来之后，在案板上撒上干的全麦面粉继续揉面团，尽量揉到面团内无气泡，表面光滑；

6.将面团揉成形，撒上麦片；

100卡美食

硬派健身
TOUGH
WORKOUT

3
Chapter

120

7.烤箱预热200 ℃，烤15分钟。

小贴士
Tips

1.用温水加酵母，更利于酵母发酵，面团一定要发酵充分，这样做出来的面包口感更蓬松；

2.面团发起来之后继续和面很重要，这一步决定了面包的口感；

3.和面时还可以加入南瓜泥、香蕉泥等，做出甜香的果味全麦面包。

2 蔬菜团子

TOUGH WORKOUT

　　什么是健康饮食？就是非精制碳水化合物、蛋白质、维生素、矿物质等营养素的合理配比摄入。简单来讲就是：有粗粮、有瘦肉、有各种颜色的新鲜蔬菜。

　　然而，每天都做一道蔬菜、一道荤菜，还要搭配粗粮，对大多数工作忙碌的朋友来说都会嫌麻烦。有时候太累了，会希望回家就能有现成的晚饭吃。

　　蔬菜团子这道菜制作起来就非常方便。找个周末，打开音乐，像玩手工艺一

100卡美食
硬派健身
TOUGH
WORKOUT

3
Chapter

122

样把玉米面、蔬菜、瘦肉做成一个个小圆球，好吃、好做、好储存、好携带。同时，热量配比均衡，营养搭配全面。你可以在忙碌的晚上，从冰箱里取出回锅蒸热，把它当成一道主食；也可以携带它上班，用微波炉加热，当作下午的茶点、加班的餐饮等等。

由于GI值相对较低，如果你是晚上下班去健身房训练，这道菜还很适合作为你下午4~5点的加餐。

Tips

我们提到过，一般训练者在训前2小时摄入低GI的食物，可以增加训练中的耐力和脂肪燃烧。

材料 Materials

食玉米面100克、胡萝卜200克、青菜200克、韭菜100克、瘦肉馅100克、葱30克、蒜3瓣、姜8克、盐、生抽、鸡精、五香粉、胡椒粉、花椒粉

做法
Practice

1.将胡萝卜切成丝，韭菜、青菜切碎，葱姜蒜切碎；

2.热锅薄油（推荐使用油喷壶）爆香一部分葱姜蒜碎，加入花椒粉2克继续炒香，放入胡萝卜丝翻炒变色，加入生抽2克、盐1克翻炒至熟，加鸡精调味备用；

100卡美食
硬派健身
TOUGH
WORKOUT

3
Chapter

124

3.鸡毛菜处理方法同胡萝卜；

4.热锅薄油爆剩下的葱姜蒜碎，加入花椒粉2克继续炒香，将爆香后的葱姜蒜碎倒进肉馅中，加韭菜、五香粉2克、胡椒粉1克、生抽2克、鸡精1克按顺时针方向搅拌成韭菜肉馅；

5.分别将三种馅料捏成团子，放进玉米面中滚动，裹上足够多的玉米面后，将团子捏实，上蒸笼，上气后蒸10~15分钟即可。

小贴士 Tips

1.制作馅料一定要先用薄油将葱姜蒜碎爆香，这样做出的团子会更加美味；

2.团馅料时，可以把馅料中的水捏出，并且捏得紧实一点，这样蒸的时候不容易散，也方便滚玉米面；

3.馅料还可以换成其他自己喜欢的蔬菜和肉类。

3 菌菇茄汁龙利鱼豆腐煲

其实，现在大城市的便利店有很多健康又方便的饮食选择。比如各种沙拉、酸奶等。所以回家吃饭不仅是单纯地为了饱腹和营养，同时也是为了那一份温暖。

这道菌菇茄汁龙利鱼豆腐煲，不单暖胃，更暖心。而且它营养十分全面，蛋白质含量也很丰富，饱腹感强，更有助于控制体重。

在瘦身过程中，多吃蛋白质可以促进燃脂。高蛋白饮食对维持体重、防止体重反弹也有很好的效果。研究发现，仅仅把饮食中的蛋白质摄入比例提高3%，就可以减少50%左右的体重反弹。

另外，这道菜含有动物蛋白和多种植物蛋白（大豆、蘑菇等）。番茄和肉类的呈味氨基酸组合，会让这道菌菇茄汁龙利鱼豆腐煲吃起来更加鲜美。

材料
Materials

龙利鱼250克、番茄1个、香菇3朵、金针菇150克、蟹味菇150克、嫩豆腐150克、蒜2瓣、香葱适量、番茄酱20克、盐3克、黑胡椒2克、蚝油3克、香醋2克

100卡美食

硬派健身
TOUGH
WORKOUT

3
Chapter

128

做法
Practice

1.将龙利鱼切块，用盐和黑胡椒腌制10分钟，番茄切碎丁或放进搅拌机搅碎，香菇切片，豆腐切块；

2.少量油爆香葱蒜，倒入番茄碎、番茄酱翻炒至两者成为浓汁，将菇类和腌好的龙利鱼倒入锅内炖熟，放入豆腐、盐、蚝油、黑胡椒、几滴香醋调味，最后撒上香葱出锅。

小贴士
Tips

菌类和豆腐可以依照自己的口味选择不同种类。

100卡美食

硬派健身
TOUGH
WORKOUT

3
Chapter

130

4 越南春卷

　　"春卷"是我一直认为很美的一个菜名。但是说实话，中国传统的酥脆炸春卷，更适合热热闹闹的春节，而不是鹅黄柳绿的春天。而立春节气习俗所说的咬春，对应的是"春饼"，又感觉家常了那么一点（尤其我是个北京人，家乡的春饼是烙饼、酱肘子、豆芽盒子菜，就更没那么雅致了）。

　　后来，我惊喜地吃到了越南春卷。白得透亮的米皮，卷着粉嫩的虾仁和翠绿的蔬菜，蘸汁也是清新爽口。一口下去，饼嫩、虾鲜、叶脆，才真的像是卷了春天嚼进肚里。

　　更难得的是越南春卷的烹饪方式，都是白灼和生食。热量低不说，还最大程度地保留了蔬菜的营养，十分健康。减脂期的朋友，用魔芋丝替代粉丝的话，热量甚至可以低到62大卡/100克，和一个小苹果的热量差不多，其中还有接近5克的优质蛋白质。当正餐吃时，吃到撑也不怕胖。

材料
Materials

鲜虾8~10个、生菜100克、豆芽100克、魔芋丝100克、金针菇100克、越南米纸皮4~5张、小米椒3个、白醋10克、盐1克、鸡精1克、代糖0.1克

做法
Practice

1.白醋加盐、鸡精、代糖、小米椒碎做成蘸汁；

2.所有食材洗净，除生菜外的所有食材过水焯熟，虾去头剥皮挑虾线备用；

3.米纸皮用30 ℃~40 ℃的温水泡软取出，将虾放在米纸皮上，铺上生菜、金针菇、豆芽、魔芋丝卷好，蘸汁即吃。

100卡美食

硬派健身
TOUGH
WORKOUT

3
Chapter

134

小贴士
Tips

1.米纸皮包一个泡一个，不要一次泡很多，不然非常容易破；

2.春卷的馅料可以随自己喜欢添加黄瓜、瘦肉片、鸡蛋等；

3.蘸汁也可尝试不同搭配，这次推荐的是酸辣甜口，较为清爽，也可用海鲜酱、酱油等。

5 薄荷牛肉卷

TOUGH WORKOUT

100卡美食
硬派健身
TOUGH
WORKOUT

3
Chapter

136

牛肉是增肌最好的天然补剂之一，这个大家应该都知道。不少健美选手每天必吃2~3斤瘦牛肉来补充天然蛋白质。近几年市面上也出现了牛肉冻干蛋白粉等，据说比传统蛋白粉的效果更好。

不过牛肉也是大家口中的"硬菜"。有时候天气过热过燥，或者训练后没胃口，想想瘦牛肉也觉得很难吃下去。

这道薄荷牛肉卷，虽然是道蛋白质含量高达18.2克/100克的硬菜（碳水化合物和脂肪都只有2克左右），但搭配了清凉的薄荷和酸爽的柠檬汁，香辣酸凉，特别开胃，而且颜值还非常高。如果你在家宴餐桌上想展示自己作为一个健身者的厨艺，那这道菜就是不二之选。

材料 Materials

瘦牛肉200克、薄荷叶100克、柠檬1个、葱100克、花椒、大料、香叶、桂皮、料酒、盐、生抽、辣酱、香醋、牙签

做法 Practice

1.瘦牛肉洗净，加花椒5克、大料1个、香叶2片、桂皮1段、料酒10克、盐5克、生抽10克、水适量（没过肉即可），放进高压锅中开大火，等上气后调至小火卤制20分钟；

2.卤好的牛肉凉凉后切薄片，薄荷叶洗净沥水，用牛肉片卷薄荷叶，用牙签固定住摆盘；

3.浇汁：生抽3克，香醋5克，滴上几滴柠檬汁，浇在肉卷上，喜欢吃辣的还可以抹上
一层辣酱。

小贴士
Tips

1.牛肉尽量切成薄片，容易成卷；

2.蘸水口味可以根据自己的喜好调整，加葱蒜老干妈
什么的也可以；

3.实在是懒，不知道怎么卤牛肉的，也可以直接买卤
好的牛肉裹薄荷叶吃。

6 巧克力

　　"黑巧克力能减肥"的说法，互联网上流传已久。但用脑子想想，总觉得哪里不太对。巧克力是最恐怖的高糖高脂组合，怎么可能促进减肥呢？这就和我告诉你，吃黄油可以减肥是一样的道理嘛。

　　但看网上"黑巧减肥"的相关报道，好像还挺"严谨"，都是"科学家发现"，有研究数据有来源。

不过，再仔细看一下，你会发现这些报道都来自同一篇调查研究。

再往深里研究一下，更好玩的事情出现了：虽然的确有一则关于"黑巧克力能减肥"的研究，但就在前不久，做这项研究的科学家自己出来说，这是他专门做的"恶趣味玩笑"！

科学家背景：发表这个研究的学者John Bohannon（约翰·博安农），本身的兴趣爱好就是各种科研钓鱼，在巧克力事件前，他还假扮过非洲某国的生物学家，投稿瞎写的论文，更"奇葩"的是，居然有一半以上都被多家期刊同意发表。

下面我们来看看他是怎么做巧克力减肥实验的。

John Bohannon先随便招募了15个志愿者来参与实验，将他们平均分为三组：

对照组：正常吃饭；

低碳组：吃低碳水化合物饮食；

黑巧组：吃低碳水化合物饮食+每天1条（约45克）黑巧克力（浓度81%）。

然后对比三种饮食方式21天后，这些受试者的各种身体数据。

数据显示：相比正常饮食的对照组，低碳组和黑巧组平均体重都降低了5磅之多。而且黑巧组的减肥速度还要更快，健康评分更高。

事后，John随便改了个名，说自己是某个饮食健康研究所的研究负责人（其实是个网站），就以这个结果发了篇论文，投给了一堆学术期刊。

你猜怎么着？这篇文章被一堆期刊看中了！

媒体争相报道，一时间网上铺天盖地出现同一个好消息：普天同庆，吃黑巧可以帮你瘦得更快，对身体更好，大家快来一起吃黑巧克力啊！

但实际上，一切都是约翰同学的阴谋。

他只是随机检测了一堆数据，然后挑选里面有变化的数据，写成钓鱼论文而已。整个研究的样本数据量通通不合格。

重点来了：注意！目前没有任何严谨的研究发现巧克力能减肥，不论是黑巧克力、白巧克力，还是生巧克力！

而且巧克力这种大量糖+脂肪的高热量组合，很可能是最容易让你吃多吃胖的

100卡美食
硬派健身
TOUGH
WORKOUT

3
Chapter

140

食品了。

但凡事都有两面性，咱们之前也说过，没有绝对好的食物，也没有绝对不好的食物。巧克力里面，也确实有很多促进身体健康的黄酮类、生物碱等物质，巧克力含有的脂肪也像坚果的脂肪一样，相对比较健康，是优质脂肪的来源。

更重要的是，巧克力很好吃啊！很多人都会对巧克力上瘾，想时不时来一块。既然糖+脂肪的组合不健康，那我们就自制巧克力，把大量的糖去除，用代糖代替糖不就好多了？这样热量能降低一大半，还不影响美味。

不过还是要注意，巧克力虽好，运动前后请勿食用哟！因为不管怎么说，巧克力的脂肪含量还是相对较高的，会影响你的训练效果。

材料
Materials

无糖黑巧克力、脱脂奶粉、干果、果干、代糖（阿斯巴甜）、巧克力模具

1.提前将锅加热，放三分之二黑巧克力于容器中，隔水融化，融化温度控制在50℃~60℃；

2.将放有巧克力的容器从热水中取出，加入剩下的巧克力，继续搅拌，边搅拌边加入脱脂奶粉与代糖至完全融化；

3.将干果碎、果干碎放入模具，随后倒入巧克力液，常温冷却至凝固，最后脱模。

100卡美食

硬派健身
TOUGH
WORKOUT

3
Chapter

142

小贴士
Tips

1.自制巧克力时加热方式很重要，一定不能直接在火上加热，温度过高会使巧克力变焦，口感变差；

2.温度不必特别精准，别直接加热和过冷放冰箱就好，高标准的同学可以用温枪，好的巧克力，绝对不是简单的融化再凝固，口感柔顺的巧克力，最讲究的其实是"调温"二字；

3.放入脱脂奶粉与代糖后一定要搅拌均匀，否则会影响口感；

4.模具最好使用硅胶材料，耐热且好脱模；

5.制好的巧克力建议常温保存最佳，不要放在冰箱里，这样口感不会粗糙。

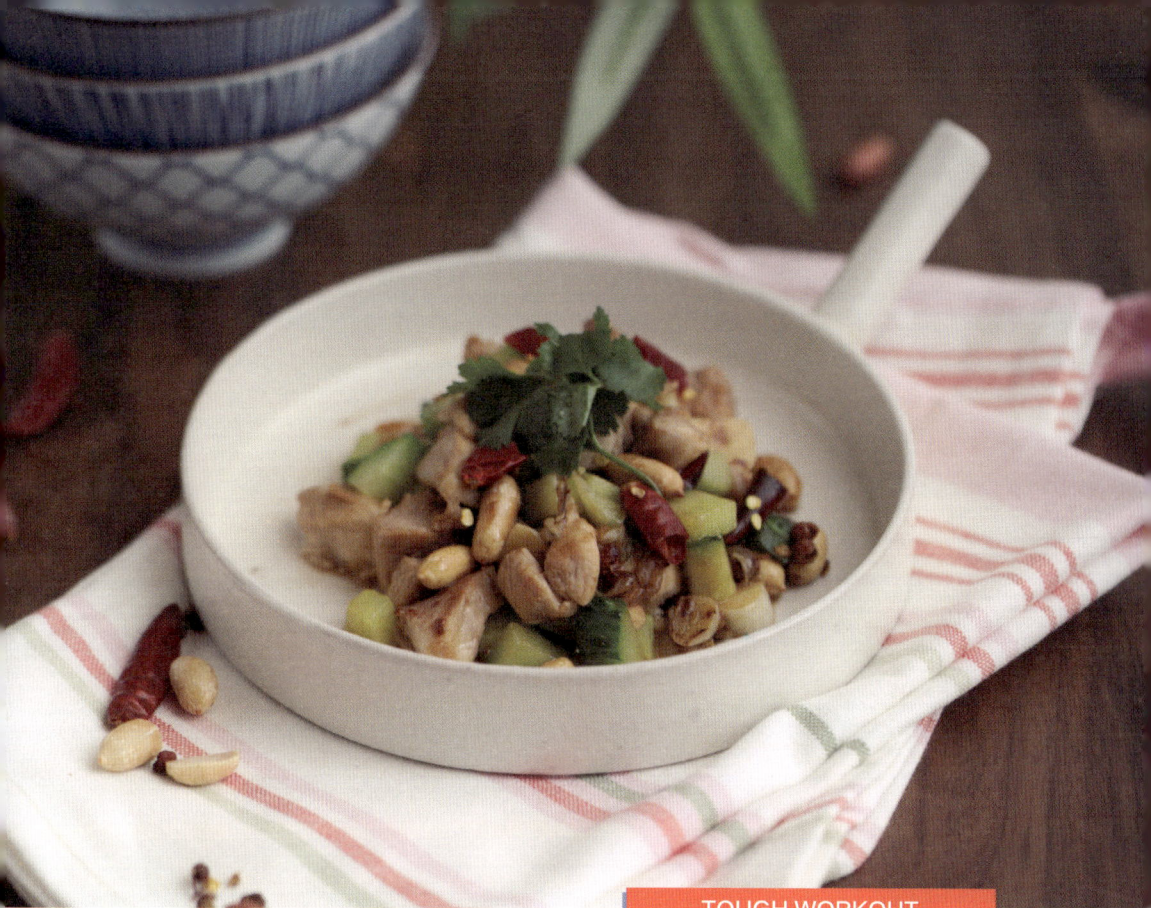

7 宫保鸡丁

如果街边随便逮一人，问他什么配饭最好吃，肯定能问出各种不同的答案：红烧肉，肉末茄子，甚至老干妈，等等。但如果说只能推选一道菜配饭，那选出的十有八九会是宫保鸡丁这道菜。

宫保鸡丁的确相当下饭，不过大多数时候你吃的宫保鸡丁，绝对算不上健

100卡美食
硬派健身
TOUGH
WORKOUT

3
Chapter

144

康。现在的宫保鸡丁是所谓的"小荔枝口儿"，主要做法就是加入大量的糖醋调出酸甜汁，并且为了所有食材不出水，烹饪过程中需要大量的油来炒制。

当然，健康版的宫保鸡丁不是叫你做得寡淡无味。用代糖替代白糖，用少量水淀粉替代大量的油，这样就可以既不损失美味，同样也能获得健康。

而且在这样的烹饪改造下，宫保鸡丁每100克能减少50%左右的热量，剩下的就只有新鲜的蔬菜和高蛋白的鸡腿肉了！

材料
Materials

鸡腿肉400克、黄瓜100克、熟花生100克、干辣椒10克、葱1段、蒜2瓣、花椒5克、生抽1勺、料酒1勺、代糖0.5克、醋1勺、淀粉3克、盐适量

做法
Practice

1.鸡腿肉去皮去骨切丁，放生抽、盐、料酒，用淀粉拌匀，黄瓜洗净切丁，葱、蒜切碎备用；

2.在碗中倒入生抽、盐、代糖、醋、料酒，混合均匀制成小荔枝口儿汁；

100卡美食

硬派健身
TOUGH
WORKOUT

3
Chapter

146

3.不粘锅烧热喷一层薄油，先放入花椒爆香，随后放入干辣椒段、葱蒜碎继续炒香；

4.放入鸡肉丁翻炒至变色，倒入做好的调料汁，再放入黄瓜丁、葱段，最后在出锅前放入花生翻炒熟，出锅。

小贴士
Tips

1.鸡腿肉可以直接买去皮脱骨的，如果没有，可以用鸡胸肉代替；

2.花生米一定要在菜出锅前下锅，以免长时间在锅内翻炒，影响花生米的酥脆感。

8 肉香圣诞树

TOUGH WORKOUT

100卡美食

硬派健身
TOUGH
WORKOUT

3
Chapter

148

每到节日，我们总会情不自禁地大吃特吃，毕竟每个节日都有属于自己的固定美食，过节的时候还不好好吃点，总觉得这个节白过了。

但节日美食一般热量都特别高，比如圣诞节就有高热量的烤鸡和圣诞蛋糕，让你一两个月的减肥成果功亏一篑。

既然这样，不如创造出属于自己的健康节日美食。比如圣诞节我们就做一道圣诞氛围满满的"肉香圣诞树"。烤鸡最大的脂肪来源是鸡皮，去掉鸡皮吃烤鸡，则是一道高蛋白美食。再加上一堆新鲜美味的蔬菜和香辣酸甜的蘸料，保证能让你举办一个热闹非凡的圣诞聚会，而且还更有趣呢。

材料 Materials

鸡翅根8个、西蓝花半棵、圣女果10个、苹果1个、胡萝卜1根、五香粉50克、豆瓣酱15克、蒜蓉辣酱20克、番茄酱10克、牙签

做法
Practice

1.西蓝花掰小朵，用开水烫熟。注意不要烫太老，这样能更好地保留营养与纤维素，西蓝花最后蘸着鸡翅根的酱料来吃；

2.鸡翅根去皮，加豆瓣酱、蒜蓉辣酱、番茄酱、五香粉腌制半小时，烤箱200 ℃~250 ℃预热，烤20~30分钟，烤熟即可；

3.苹果对半切开做底座，胡萝卜削直做树干，用牙签将胡萝卜和苹果连在一起；

4.在胡萝卜上插满牙签，然后按照喜好，将各种蔬菜和鸡翅根插在牙签上，就像圣诞树的彩灯一样填满空隙；

5.最后用刀切出一个星星形状的
胡萝卜，插在最上面，圣诞树
制作完成。

小贴士
Tips

1.作为圣诞树树干的胡萝卜要选得大一些、直一些，
比较容易做造型；
2.鸡皮的热量很高，而且不健康，制作之前一定要去
掉，平时做料理时也可以去掉各种动物的皮脂，减少
不必要的热量摄入。

9 口水鸡

不是我说，在座的诸位，都爱吃口水鸡！

没错，口水鸡作为川系名菜，香辣嫩滑，是很多人心中白切鸡类的第一名。白切鸡类的食物本身不用过多烹饪，蛋白质含量高，非常适合健身者食用。不过，一般的口水鸡都是用糖和辣油浇汁，平添不少热量。

如果用代糖，同时去掉口水鸡中大部分的辣油，热量就可以减少一大半。

　　事实上，口水鸡去掉辣油，也不会太影响口感。因为在这道菜中，油并没有起到烹饪的作用。白水焯过的鸡肉已经足够滑嫩，不是大火猛油的功劳。而我们所要的辣味，可以单独炒制出来，虽然少了一点点油香，但可以减少30%左右的热量摄入啊！如果你懒得调五香辣料，也可以用市面上的一些香辣蘸水替代。

材料
Materials

去皮鸡腿肉150克、葱1段、蒜2瓣、姜、花椒5克、大料1个、香叶、干辣椒3个、醋5克、生抽3克、代糖0.1克、鸡精1克、料酒5克、盐0.5克

做法
Practice

1.鸡腿去皮，洗净，锅内加适量水烧开，加料酒，放入鸡腿肉小火煮5~10分钟，关火后，盖上锅盖焖一会儿，捞出鸡腿，切块；

2.用生抽、醋、盐、代糖、鸡精调汁；
3.炒锅里放少量油，烧热后放入花椒爆香，然后再放葱姜蒜碎、大料、香叶、干辣椒等继续炒香，倒入调好的调味汁，关火；
4.将鸡腿肉块放碗里，倒入调好的酱汁，最后撒上香葱、干辣椒、蒜末即可。

小贴士
Tips

1.煮鸡肉时，用小火，水沸而不滚最佳，煮得时间短一点，多泡一会儿，肉质会更鲜嫩；
2.调味汁的口味可以自己调整，喜欢酸的多放醋，喜欢甜的多放代糖，喜欢辣的多放红辣椒。

10 咸甜豆腐脑

100卡美食
硬派健身
TOUGH
WORKOUT

3
Chapter

156

豆腐脑该吃甜的还是吃咸的？这在网络上一度是比台海问题更严重的国家分裂危机。南北方吃货们在网络上大打出手，甜党和咸党都祭出了自己的大招"我们冬天有暖气""我们包邮"。

不过，中国美食海纳百川、兼容并蓄。谁说豆腐脑不能是咸甜味道都有？不仅能有两种味道，而且还能特别好吃，热量低得很呢！

顺便提一句：豆腐是植物蛋白最好的来源之一，相比其他豆制品，豆腐没有添加太多的油或者盐。同时，内酯豆腐是最嫩和热量最低的豆腐，非常适合减肥期食用。

咸豆腐脑

材料
Materials

内酯豆腐150克、香菇2朵、木耳20克、瘦肉馅50克、葱姜蒜碎适量、盐1克、生抽2克、料酒2克、淀粉10克

甜豆腐脑

材料 Materials

内酯豆腐150克、木瓜50克、杞果30克、葡萄5~10粒

做法 Practice

1.所有食材洗净，香菇、木耳切成丁，水果切成大小适中的块状；

100卡美食
硬派健身
TOUGH
WORKOUT

3
Chapter
158

2.不粘锅少油爆香葱姜蒜碎，加入香菇翻炒至软，再放肉馅炒至变色，最后加入木耳翻炒片刻，倒入生抽、盐、料酒调味；

3.淀粉加适量水搅拌均匀，倒入锅中勾芡做成卤汁；

4.内酯豆腐装碗中，咸口的直接浇卤即可，甜口的豆腐脑则是将水果均匀码在内酯豆腐上，直接食用。

小贴士
Tips

1.市售的内酯豆腐都是可以直接食用的，如果想吃热的咸豆腐脑，可以在微波炉里把豆腐加热几分钟，卤汁里的肉类也可以选择用瘦牛肉或瘦羊肉代替；
2.甜豆腐脑里的水果可以根据自己的喜好更换，如果选的是含糖少的水果，或者喜欢甜口的，可以用代糖加水调成糖水浇在豆腐脑上，做好的甜豆腐脑放在冰箱里冷藏一下，口感更佳。

11 圣女果烤肉

　　一般人提到"撸串儿"和"健身"，会觉得这是丝毫不相干甚至冲突的两个词。其实，撸串儿并不会影响健身，甚至在一定程度上，健完身撸串儿还是不错的饮食选择呢。

　　中国的烤串不会在烹饪过程中添加过多糖和油。如果你健完身想在外面吃顿好的，去撸个串儿，点些海鲜、牛肉串、鸡肉串、羊小腿、鸡胗等，都是很好的蛋白质来源。

不过，虽然烤串过程中不会添加太多油，但大多数肉串本身脂肪含量就比较高，比如大家爱吃的羊肉筋和大腰子等，能比一般的瘦肉多近一倍的热量。而且这些热量几乎都来自脂肪。不肥的肉呢，又会因为比较干瘦让人觉得不好吃。

这时候，就要请出我们的圣女果烤肉啦（花名：猪八戒强抱圣女）。猪里脊相对而言是肉汁比较丰满的瘦肉，脂肪含量也不高；圣女果在烤制的时候也会帮助瘦肉稳汁。此外，圣女果烤过之后，非常甜美，有种生食没有的鲜美滋味，而且这道菜颜值也够高，出去踏青游玩的时候，带上十几串"猪八戒强抱圣女"，番茄樱红，里脊细嫩，非常应景。

材料
Materials
猪里脊200克、圣女果10个、烤肉酱50克左右，口味自定，豆瓣酱、蒜蓉辣酱、老干妈等都可以

100卡美食
硬派健身
TOUGH
WORKOUT

3
Chapter

162

做法
Practice

1.猪里脊拦腰切断，竖着切成薄片；

2.将猪里脊薄片用烤肉酱腌制20分钟；

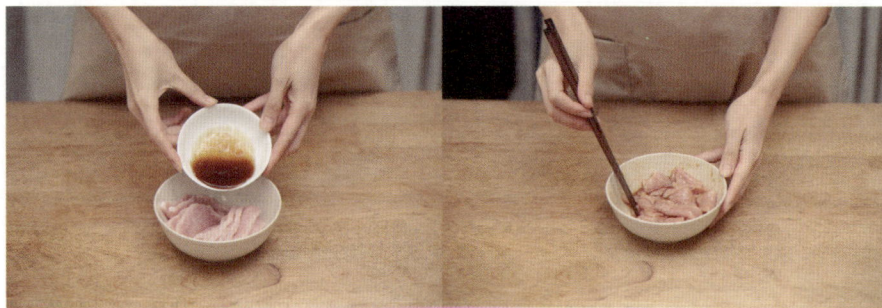

3.先将猪里脊薄片的一头穿在竹签上，然后穿上一个圣女果，最后把肉的另一头穿上，形象地说，就像猪八戒强抱圣女啦；

4.刷上烤肉酱，放入烤箱内烤，220 ℃~250 ℃，烤10分钟。

小贴士 Tips

1.为了让圣女果变得更甜的同时去除番茄的草臭味，可以先把它放到烤箱里，预烤一段时间（烤箱温度220 ℃，烤10～15分钟）。当然如果你喜欢它新鲜的酸味，也可以直接跳过这一步。

2.猪里脊很容易熟，注意不要烤过了，不然就不够滑嫩了。

12 丝瓜虾仁

经常有人说："健身的人，不吃人饭。"意思是健身者日常吃的东西都奇奇怪怪，像牛油果、沙拉、鸡胸排……都不是中国人的家常菜。平时在饭桌上，健身者也经常是被调侃的对象。

实际上，健身者的菜肴完全可以做得又家常、又好吃、又健康。比如这道丝瓜虾仁，做起来准备时间不超过5分钟，烹饪时间也不超过5分钟。兼顾了好看、好吃、好做，而且十分家常。丝瓜还可以利尿消水肿，简直一举多得。

材料
Materials

丝瓜1根、虾仁20个、蒜半头、生抽8克

做法
Practice

1.所有食材洗净，虾仁挑去虾线，蒜瓣压成蒜末，丝瓜去皮后切成均匀小段铺在盘子里；

100卡美食
硬派健身
TOUGH
WORKOUT

3
Chapter

166

2.丝瓜段上放适量蒜末，再放上虾仁，最后在虾仁上淋上生抽；

3.热水上锅蒸5分钟即可。

小贴士
Tips

丝瓜蒸完会出水，加少量生抽就可以当作蘸汁，如果觉得不够咸，也可以蘸汁食用。

13 辣白菜牛肉锅

100卡美食
硬派健身
TOUGH
WORKOUT

3
Chapter

168

就像《天使爱美丽》里面所说的那样，人生有很多小小的幸福，比如把手插到米缸里，比如把焦糖布丁的壳敲破，再比如，在一个寒冷的冬天，吃上一口温暖人心的辣白菜牛肉锅……

想象一下，寒冷的冬季傍晚，你健身后回家，打开橘色的灯，脱下被积雪浸湿的鞋子，揉了揉已分不出无名指和小指的脚，此时，你饿了——点外卖？外卖又油又不健康，点完到家也要1小时后了；吃方便面？健身的人吃方便面，你是在逗我？

这时候，你可以来一道辣白菜牛肉锅，所有食材从准备到吃只要15分钟，温暖却是从嘴到心，让你觉得无论是健身还是人生都充满了意义。如果你想来点主食，可以下点粉丝或者面条，如果这一天没训练，晚上想少摄入一点卡路里，也可以用热量极低的魔芋丝代替。

材料 Materials

辣白菜200克、瘦牛肉100克、金针菇200克、洋葱100克、香菇3朵、豆腐200克、香葱1根、生抽10克、浓汤宝半个、韩国辣酱5克、胡椒粉1克

做法
Practice

1.辣白菜切段、牛肉切片、洋葱切丝、豆腐切块、香菇切片、金针菇洗净备用；

2.热锅少油，放入洋葱翻炒出香味，加入肉片翻炒至变色，放香菇、辣白菜继续翻炒；

3.随后锅中加入300毫升水、辣白菜汤汁、生抽、浓汤宝、韩国辣酱；

4.放入金针菇继续煮，待汤汁煮开后放入豆腐，用适量胡椒粉调味，最后撒上葱花出锅。

小贴士
Tips

1.牛肉还可以换成猪里脊、鸡胸肉、龙利鱼等；

2.锅中还可以灵活加入各类蔬菜；

3.锅最好用砂锅，如果没有，用其他锅也可以。

100卡美食
硬派健身
TOUGH
WORKOUT

3
Chapter

172

14 上汤菜肉卷

TOUGH WORKOUT

我是北京人，小时候每年立冬都会全家人一起砌白菜窖，然后买上接近1000斤大白菜，一直吃到来年春天——一个冬天都吃白菜，必然会换着花样来，熘白菜、炝炒白菜、熬白菜等等。而我最喜欢吃的，就是这一道上汤菜肉卷。

几乎全世界的菜系里面，都有用菜包肉馅的吃法。不过我觉得其中最好吃的，就是白菜包肉。"白菜"菜如其名，青青白白，没什么特殊味道，却能和几乎所有的食物搭配起来。而且菜肴越鲜美，白菜的发挥空间越大，比如川菜之首的开水白菜。怪不得古人有云：百菜不如白菜。

材料 Materials　瘦肉馅200克、洋葱100克、白菜或生菜3片、葱10克、姜5克、生鸡蛋1个、生抽、料酒、盐、花椒粉、胡椒粉、鸡精

做法
Practice

1.洋葱、葱、姜切碎搅拌进肉馅，加入料酒、生抽、盐、花椒粉、胡椒粉、鸡精、鸡蛋，搅拌至馅料起劲；

2.将生菜叶子洗干净，用微波炉高火热一分钟，使其变软；

3.用生菜叶子包上肉馅，卷成蔬菜肉卷；

100卡美食
硬派健身
TOUGH
WORKOUT

3
Chapter

176

4.上热锅蒸5分钟，摆盘食用或淋上高汤食用。

小贴士
Tips

1.肉馅中的蔬菜可以换成香菇、韭菜、萝卜等；
2.肉卷的菜叶子也可以换成圆白菜等其他叶类蔬菜。

二、
训后吃
Eat after training

TOUGH WORKOUT

100卡美食
硬派健身
TOUGH
WORKOUT

3
Chapter

178

1 黄焖鸡米饭

TOUGH WORKOUT

"忽如一夜春风来，满城遍地黄焖鸡。"话说这黄焖鸡米饭在近几年时间里，遍布各个城市的大街小巷，取成都小吃而代之，几乎要与沙县小吃、兰州拉面呈三足鼎立、三分天下之势。

实际上，黄焖鸡的流行也不是没有道理。全国人民都比较爱吃的咸鲜口味打底，配上独有的秘方，加之方便又好做，做再多份，也几乎不会失败。既有扩张的素质，也有扩张的实力，很多人还就爱吃这一口。

　　从营养构成来看，黄焖鸡米饭也挺适合训练后食用的，主要是它含有鸡肉的大量蛋白质+米饭的碳水化合物，还有不少新鲜蔬菜。

　　不过餐馆里的黄焖鸡，首先鸡肉量并不太多，其次，也不知道肉和菜是不是新鲜的。而且外面的黄焖鸡米饭为了口感好都会添加大量油，这一点并不适合训练后食用。这样就不如自己做了。

　　训后吃可以搭配白米饭，日常吃可以搭配糙米饭或杂粮饭。如果你比较忙，糙米饭、杂粮饭建议一次多做些，分几份放冰箱冷冻保存。

材料 Materials　去皮鸡腿肉150克、青椒150克、香菇100克、蒜3瓣、干辣椒3个、杂粮饭/白米饭1碗、料酒10克、生抽5克、老抽5克、盐1克、五香粉5克、鸡精适量、代糖适量、淀粉适量

100卡美食
硬派健身
TOUGH
WORKOUT

3
Chapter

180

做法
Practice

1.香菇洗净切片，青椒洗净掰小块，大蒜切碎；

2.鸡腿肉切块，加适量生抽、料酒、五香粉、少许淀粉抓匀，腌制15~30分钟；

3.锅里放少许油，爆香干辣椒和蒜，随后放入鸡块，均匀翻炒；

4.下青椒、香菇，烹入少许生抽、老抽、代糖、鸡精、盐、五香粉，继续翻炒至出香味；

100卡美食
硬派健身
TOUGH
WORKOUT

3
Chapter

182

5.加入100毫升水盖上锅盖，改小火焖20分钟；

6.汤汁收得差不多的时候，关火出锅；
7.黄焖鸡浇在米饭上，开吃。

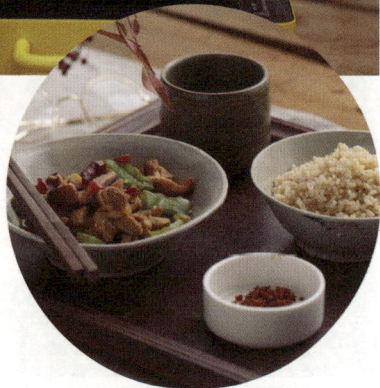

小贴士
Tips

1.如果你觉得鸡腿去皮太麻烦，也可以选择用鸡胸肉
来代替；
2.黄焖鸡里的蔬菜，可以随意添加你喜欢的，比如木
耳、冬笋、金针菇、油麦菜等；
3.鸡腿肉可以一次性多腌一些，然后分装放在保鲜袋
里，放进冰箱保存，随吃随取。

2 秘制牛排

TOUGH WORKOUT

100卡美食

硬派健身
TOUGH
WORKOUT

3
Chapter

184

如何做出一块完美的牛排？

牛排是健身减肥时很不错的蛋白质来源。不过想要做出一块口感完美的牛排，并不是一件易事。完美牛排的研究表明，人们对牛排的爱好权重是嫩度0.5，风味0.38，多汁性0.12[1]。简单说，牛排第一是要鲜嫩，第二是要香，最后是要多汁。

制作牛排时，用肉锤锤肉这一步，可以把肉中比较粗的纤维和筋膜处理掉，让肉质更鲜嫩。如果家里没肉锤，又喜欢鲜嫩口感，也可以用嫩肉粉、木瓜等腌制来改善口感（嫩肉粉只是蛋白酶，对身体没有负面影响）。

而多汁性则需要保证烹饪温度的相对稳定。另外，温度大起大落，容易让牛排出汁，所以冷冻牛排要放到常温后再煎，千万不能从冰箱里拿出来就煎。煎熟后最好放在盘子里稳汁，不要立刻就吃，否则也会导致肉汁流失。

另外，牛排的风味除了来自酱汁里的调味料和牛肉自身的鲜味外，还来自美拉德反应，而美拉德反应只有在200 ℃以上才能较好地得到芳香物质。而太长的烹饪时间又会让牛排的肉汁溢出，口感变老，所以推荐牛排的高温烹制时间越短越好。

Tips

美拉德反应，一种非酶褐变反应。简单讲，就是指高温烹饪状态下，（牛排中的）氨基酸和酱汁里的糖产生了一系列复杂的反应，最后产生了芳香诱人的褐色物质。这也就是为什么高温烤过的肉类特别香。

材料
Materials

牛肉150克、番茄1个、五香粉5克、辣椒酱10克、豆瓣酱5克、花椒粉5克、代糖0.5克、肉锤

1 毛衍伟，罗欣，孙清亮，张希斌，周光宏. 牛排食用品质保证关键控制点研究. 食品工业科技, 2009(2): 108-110.

做法
Practice

1.将牛肉用肉锤敲打一遍待用；

100卡美食
硬派健身
TOUGH
WORKOUT

3
Chapter

186

2.将番茄用搅拌机打碎，放入五香粉、代糖、辣椒酱、豆瓣酱、花椒粉混合好，均匀涂抹在牛排上，腌制15分钟；

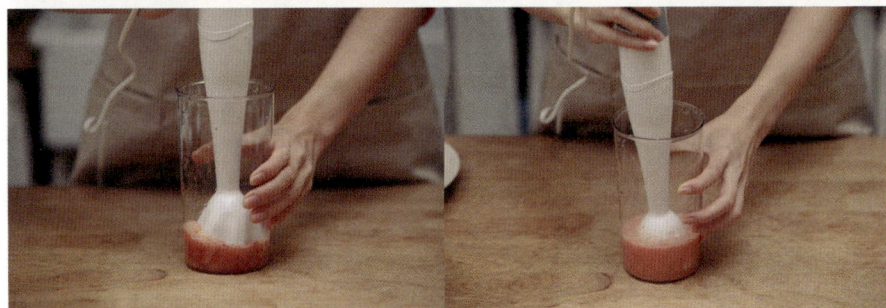

3.将腌牛排放进已经预热的烤箱，150℃10分钟，220℃3分钟（美拉德反应）。

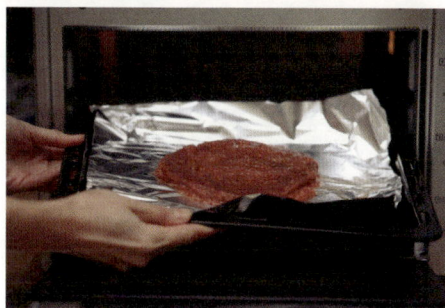

小贴士 Tips

1.关于牛排的选材，我觉得训练后的一餐最好选用牛腿肉、牛里脊、牛腱子，这三个部位脂肪含量相对较少，其他部位比如腰眼、肩肉等，好吃是好吃，不过脂肪太多，会影响氨基酸的吸收和生长激素的分泌；

2.牛排，尤其是瘦牛肉制作的牛排，嫩度是最关键的，所以锤肉的步骤尽量不要省；

3.为保证牛排美拉德反应后更香，最后一步一定要用高温220℃再烤3分钟；

4.没有烤箱的可以用平底煎锅煎牛排，预热煎锅后把涂抹好酱汁的牛排放进去，小火煎熟，最后大火再煎一两分钟，肉眼看到褐色美拉德反应后立刻取出即可。

100卡美食
硬派健身
TOUGH
WORKOUT

3
Chapter

188

3 汉堡排

TOUGH WORKOUT

牛排当然好吃，可大多数中国人不喜欢把整块肉当一顿饭的西方饮食习惯，会觉得整块牛排吃起来非常费牙，咬不动。相对来说，中国人普遍更爱吃肉馅，比如北方的饺子、馅饼，南方的馄饨、小笼包，等等。其实肉馅也非常适合做成一道适合运动后吃的高蛋白低脂肉排——汉堡排。

由于汉堡排本身就是肉馅做成的肉排，方便吃，好消化，而且小孩子也都很喜欢吃。一些做父母的朋友还可以把自家孩子不太喜欢吃的圆白菜、胡萝卜以及脱脂牛奶加在汉堡排里，这样不但营养更均衡，在肉汁的衬托下，这些蔬菜也会变得非常好吃。

材料 Materials

瘦牛肉馅150克、圆白菜50克、洋葱50克、生鸡蛋1个、脱脂牛奶20克、生抽5克、料酒5克、黑胡椒3克、盐0.5克、番茄酱30克

做法
Practice

1.洋葱剁碎放入肉馅中，加入盐、生抽、脱脂牛奶、料酒、黑胡椒、生鸡蛋搅拌均匀；

2.将牛肉洋葱馅团成肉饼，放入刷了薄油的不粘锅中，小火慢慢煎熟；

3.圆白菜切成丝，摆盘，挤上番茄酱，美美的汉堡排就做好啦，开始享用吧。

小贴士
Tips

1.煎汉堡排的时候，要用小火，这样能够将汉堡排中的肉汁最大化保留；

2.我们介绍的汉堡排，主要原料就是洋葱和牛肉，不过日式料理里，很多还会加入一点点猪肉和牛肉一起做馅料，这样口感更好，一般牛肉和猪肉的比例是8：2或者7：3，大家也可以尝试一下；

3.蔬菜方面，除了洋葱，汉堡排中也可以加入其他一些水分含量不大的蔬菜，比如土豆、胡萝卜什么的。

4 香菇酿

香菇酿也是一道肉馅类的菜肴。这道菜可谓是蛋白质大爆发：从瘦肉的肉类蛋白，鸡蛋的人体全蛋白，到香菇的植物蛋白，每100克香菇酿的蛋白质含量达到30克之多，一口一个香菇酿，相当于一口一勺优质蛋白粉，实在想不出有什么比这更适合作为训练后的饮食蛋白质补充了。

　　而且这道菜也十分好做，每次可以多调点馅。放进冰箱冷冻起来，还可以用来做汉堡排或其他馅类料理吃。

材料
Materials

瘦肉馅100克、鲜香菇5朵、鸡蛋1个、大葱30克、姜5克、生抽5克、料酒5克、五香粉5克

做法
Practice

1.鲜香菇洗净，去蒂，葱切碎备用；

2.将香菇蒂切碎加入瘦肉馅中，再加入鸡蛋、葱碎、姜末、生抽、料酒、五香粉，顺着一个方向搅拌，直到所有食材混合均匀，放置15分钟入味；

100卡美食

硬派健身
TOUGH
WORKOUT

3
Chapter

194

3.把调好的肉馅填到香菇盖上；

4.起锅烧水，水开后，入锅蒸5分钟。

小贴士
Tips

1.瘦肉馅可以根据个人喜好选择猪肉、鸡肉或者牛肉，味道都不错；

2.香菇蒂平时吃味道不好，但是切碎后加入馅料却增加了肉馅的鲜香。

5 香嫩叉烧肉

100卡美食

硬派健身
TOUGH
WORKOUT

3
Chapter

196

叉烧肉用的是猪里脊肉，肉瘦，脂肪少，蛋白质含量高，其实是很不错的运动后选择。无奈传统烹饪方法中，做叉烧时会抹大量蜜糖，平添了许多糖分和热量。

用代糖来取代传统叉烧肉中的蜜糖，再用番茄酱来上红润的颜色，可以把叉烧肉的整体热量降低接近一半，美味不减却更健康低卡。

不过要注意，番茄酱最好选择只有新鲜番茄没有额外调料添加的纯番茄酱。市面上一般新鲜番茄的番茄酱都是罐头装的，配料表只有番茄（有的会有盐和水）。而调味番茄沙司则多是玻璃瓶装的，太甜，而且里面添加了大量糖，非常不健康。

另外，用番茄酱来做叉烧，由于番茄里的谷氨酸含量较高，和里脊里的肌苷酸一起，还可以产生协同鲜味呈味作用，让肉更好吃。

Tips

科学证明，当谷氨酸和肌苷酸以1：1比例混合时，鲜味强度是等量谷氨酸的30倍。

材料
Materials

猪里脊200克、生抽6克、老抽4克、番茄酱10克、代糖0.5克、五香粉5克

做法
Practice

1.在肉中加入生抽、老抽、番茄酱、五香粉、代糖，搅拌均匀；

100卡美食
硬派健身
TOUGH
WORKOUT

3
Chapter

198

2.将猪里脊腌制15~30分钟；

3.烤箱200℃预热，将里脊放在烤盘上，190℃烘烤15分钟，然后调到220℃烤5分钟；

4.取出，切片，开吃。

小贴士 Tips

1.调料分量可以自行掌握，喜欢甜一点的可以多放番茄酱或者代糖，喜欢咸一些的就多放生抽，老抽主要起调色作用；

2.腌肉的时候，可以用叉子在肉上多扎几个孔，以便更好入味；

3.叉烧口味的关键在于嫩度，想要滑嫩多汁的口感，烤制时间一定不能过长。

6 麻辣小龙虾

　　麻辣小龙虾是我的家乡菜！没错，在我的老家北京的簋街，特产就是麻辣小龙虾，也就是闻名全国的簋街麻小，每年还有麻小节。

　　麻小好吃归好吃，可因为烹饪过程中需要用大量辣油来炒制，运动减肥的朋友们都不太敢放开吃。一直以来，我也都以做不出健康版的家乡菜为耻。

　　但事实上，小龙虾本身可是非常健康优质的食材：满满的蛋白质，碳水化合

100卡美食

硬派健身
TOUGH
WORKOUT

3
Chapter

200

物和脂肪基本为零，热量也很低，本身非常适合健身减肥期间吃。

直到后来我发现了麻辣调料——蘸水。这种西南风味的调味料，虽然很香很辣，但由于没有油，热量并不高，非常适合用来做很多香辣菜的健康版本！

自制的麻小，除了爆香香料用的那一丢丢油外，基本没有多余的油脂添加。高蛋白、低碳水、低脂肪，无论是平时吃、训练后吃，还是当作零食吃，都是非常好的！

Tips

吃小龙虾会导致横纹肌溶解吗？

很多人担心小龙虾会导致横纹肌溶解。不过目前认为，小龙虾导致横纹肌溶解的主要原因是不法商贩清洗小龙虾时使用了草酸。自己做小龙虾，用清水泡一段时间，再冲洗干净即可安心食用。

什么是横纹肌溶解呢？横纹肌，顾名思义，就是有横纹的肌肉……人类肌肉分三种，心肌、平滑肌和骨骼肌，其中骨骼肌和心肌都有横纹。

"横纹肌溶解综合征"是指一些原因造成的肌损伤，影响细胞内外钠-钙稳态，最后导致细胞膜完整性被破坏等一系列的系统表现。

横纹肌溶解的典型症状是运动后的肌肉肿胀疼痛，有时外观甚至能观察到变化，此外很多时候小便会呈酱油色。

如何避免横纹肌溶解？除了避免在无良商贩那里吃小龙虾，也要合理健身。长时间不运动的人，偶尔突击大量训练，也很容易导致横纹肌溶解。

不过不要紧张，大多数情况下，如果不是强度很大的运动（比如长久不动，一时兴起做15分钟不停歇的快速深蹲或俯卧撑等），你很难患上横纹肌溶解综合征。就算你一时兴起，只要有一次适应性训练，也可以远离横纹肌溶解综合征。

另外，交叉训练可以让你很好地避免横纹肌溶解。比如做200个深蹲，做200个俯卧撑，再做200个仰卧起坐，你也不会得横纹肌溶解综合征。

最后，高温运动也容易导致横纹肌溶解。解决方式是不要在高热高湿的情况下进行高强度运动，要及时散热，多喝水。

材料
Materials

小龙虾尾500克、葱1段、蒜5瓣、姜5克、香菜1把、干辣椒10克、花椒3克、大料2个、香叶2片、蘸水10克、麻辣鲜10克、老干妈10克、生抽5克

做法
Practice

1.小龙虾尾洗净后，过沸水烫熟，沥干水分待用；

100卡美食

硬派健身
TOUGH
WORKOUT

3
Chapter

202

2.热锅喷薄油，爆香花椒、干辣椒、葱姜蒜等香料；

3.下龙虾尾，加入生抽，然后放蘸水、麻辣鲜与老干妈，翻炒3~5分钟，至调料均匀裹上小龙虾，收汁出锅撒上香菜。

小贴士
Tips

1.小龙虾最脏的部位是鳃和头，尾部最干净，肉也是一整条，而且吃起来方便，自己做的话建议直接买虾尾；
2.小龙虾尾和麻辣鲜，某宝均有销售；
3.顺便教大家一招秒吃小龙虾的小知识：手捏龙虾尾，嘴咬住龙虾前头的肉，然后用力一撕，整个龙虾肉就都出来啦，一口一个，不能更美了！

7 水煮肉

TOUGH WORKOUT

水煮鱼、水煮肉，又香又辣，可谓最美味最下饭的菜肴了，但同时也是能量炸弹！因为虽名为水煮，实际烹饪过程中为保证肉质滑嫩，却是完全用油煮的，热量爆表！

想要少油健康还美味，腌肉时用水淀粉抓浆，这样即使不用油煮，也可以让肉质更加滑嫩。

再用蘸水和干辣椒代替油炸辣酱，风味不减，热量低一大半，还能帮你消耗更多热量！

吃辣能减肥吗？恐怕很多爱吃水煮肉、馋嘴蛙、九宫格火锅、麻辣香锅等辣菜的朋友，一定会坚定不移地冲我吼："不能！"

的确，大多数香辣菜肴都是一斤菜，半斤油，热量各种爆表。其实也不能怪厨师们，因为辣椒中的主要香、辛类物质（也包括其他很多香辛料）都是脂溶性的，只有用大量油来烹饪，才能更好地体现香辣味道。

但是，辣椒本身的确是可以减肥的！

科学家发现，辣椒里面的"辣椒素"可以增加能量消耗和脂肪消耗[1]，同时还有提高运动耐力、运动表现等神奇作用[2]。

当然，想要吃辣的同时还能获得一点燃脂功效，前提在于辣菜里面的油脂含量一定要少！不然可能适得其反。

1 Yoshioka, M., Lim, K., Kikuzato, S., Kiyonaga, A., Tanaka, H., & Shindo, M., et al. Effects of red-pepper diet on the energy metabolism in men. *Journal of Nutritional Science and Vitaminology*, 1995, 41(6): 647-656.

2 Conrado, d. F. M., Cholewa, J. M., Freire, R. V., Carmo, B. A., Bottan, J., & Bratfich, M., et al. Acute capsaicin supplementation improves resistance training performance in trained men. *The Journal of Strength and Conditioning Research*, 2018, 32(8): 2227-2232.

吃辣椒，饭后可消耗更多热量

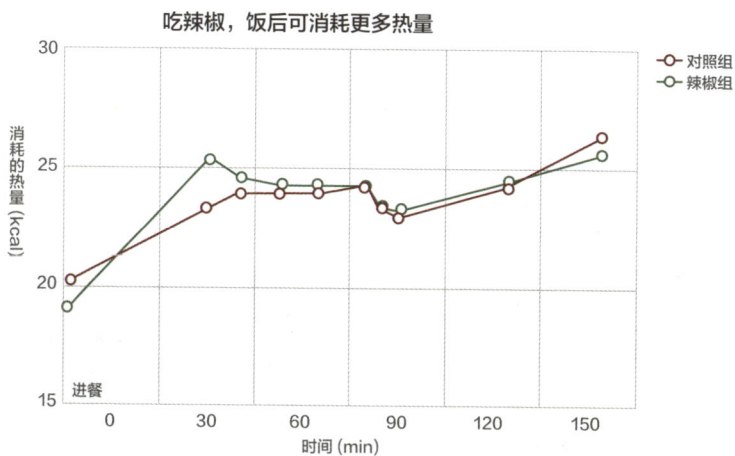

对照组
辣椒组

消耗的热量 (kcal)

进餐

时间 (min)

材料
Materials

猪里脊肉150克、团生菜80克、绿豆芽50克、葱姜蒜末适量、花椒粉5克、蘸水6克、干辣椒3个、花椒3克、盐2克、生抽5克、料酒5克、水淀粉5克、高汤1碗

100卡美食
硬派健身
TOUGH
WORKOUT

3
Chapter

206

做法
Practice

1.猪里脊肉洗净，切成大小合适的薄肉片，加料酒、花椒粉、生抽、盐和水淀粉抓均匀，腌15分钟；

2.锅中放花椒、干辣椒、葱姜蒜末和蘸水，干炒一小会儿，加高汤，大火烧开，将肉片一片一片放入锅中烫煮至熟；

3.团生菜、绿豆芽洗净，放入锅中，微微烫一下关火， 麻辣鲜香的水煮肉便做好啦。

小贴士
Tips

1.猪里脊肉换成瘦牛肉、鸡胸肉、鱼肉都可以；

2.如果没有高汤，用清水加一个浓汤宝也可以；

3.烫煮肉片和蔬菜的时间都不宜过长，刚刚熟即可。

8 冬日双姝

地瓜和栗子都是冬日的代表物。两者的碳水化合物含量都很高，可以直接拿来替代日常主食。另外，地瓜低GI高纤维，平时吃饱腹还扛饿；栗子的GI值则相对较高，更适合运动后的碳水补充。

地瓜栗子的传统做法要用蒸锅，多少还有点麻烦。这次我们要教大家用湿卫生纸和微波炉来替代蒸锅的快手健康烹饪方式。

地瓜1个（200克左右）、栗子20颗、厨房纸或餐巾纸、保鲜膜

微波炉"烤"地瓜：

1.地瓜提前用水浸泡1小时（微波烘焙时更绵软）；

2.湿地瓜用一层厨房纸包好，再淋点水浸湿纸巾；

3.将包好的地瓜放进微波炉，高火8分钟，翻面，高火再加热4分钟即可。

100卡美食
硬派健身
TOUGH
WORKOUT

3
Chapter

210

微波炉"炒"栗子:

1.栗子用剪刀或刀子划十字口（防栗子爆裂，且更易入味）；

2.将开好口的栗子放入可微波加热容器，保鲜膜封口后，在保鲜膜上戳几个孔；

3.栗子用微波炉高火加热5分钟，翻面，再高火加热3分钟即可。

小贴士 Tips

1.烹饪过程中，微波高火时间，视地瓜大小而定。如果地瓜个头较大，可以适当延长时间。不确定时间的话，将地瓜取出后，捏一下中间部分，如果软了，则说明可以了，如果不够软，则继续高火转几分钟。

2.栗子在加热之前一定要开口，不然加热时容易在微波炉内爆裂。 若栗子不够甜，或觉得不够好看，可以在表面刷一层代糖水，这样吃起来更甜美。

9 肉食者比萨

100卡美食
硬派健身
TOUGH
WORKOUT

3
Chapter

212

什么？！健身还能吃比萨？！你没看错，不仅是比萨，还是大肉比萨。

因为训练后你最需要的两样东西，就是碳水化合物和蛋白质。这两样东西，比萨的饼皮和比萨的馅料完全可以提供。所以只要把比萨中的一些高脂肪的东西去掉，比萨也能变成最适合健身后食用的菜肴。

下面这道"肉食者比萨"，每100克热量只有150大卡，碳水化合物20克，蛋白质10克，脂肪只有2.2克，非常适合运动后吃。

注意，本菜品没有使用奶酪。如果你非常喜欢比萨上面的芝士，可以在网上购买半脱脂的马苏里拉奶酪，切碎放在上面，烤化后，就像饭店里的比萨一样！

材料
Materials

全麦面粉120克、盐1.5克、温水70毫升、酵母3克、小洋葱半个（切碎）、纯瘦牛肉馅120克、蒜2瓣、盐1克、胡椒粉2克、番茄酱20克、孜然粉2克、鸡蛋1个、西芹8克、生抽5克

做法
Practice

1.制作面团：将全麦面粉、盐搅拌均匀，把温水和酵母混合，倒进面粉中和面，直到揉成一个均匀稍有黏性的面团，盖上保鲜膜发酵30分钟，直到充分发起；

2.发起的面团加干面粉继续揉搓，直到面粉里的气泡消失，面团表面光滑；
3.用擀面杖将面擀成圆形饼皮，用叉子在饼皮上扎上小孔，刷上一层番茄酱待用；

100卡美食
硬派健身
TOUGH
WORKOUT

3
Chapter

214

4.制作馅料：不粘锅刷薄油，倒进洋葱碎、蒜末，中火炒出香味，放进牛肉馅，用盐、生抽和胡椒粉调味，高火炒3分钟左右，用铲子将馅料打碎，充分炒熟，放进孜然粉、番茄酱，继续翻炒1分钟；

5.将炒好的馅料铺在饼皮上，在比萨中间打上一个生鸡蛋；

6.烤箱230 ℃，给烤盘预热5分钟，烤制15分钟左右，250 ℃烤3分钟，直到饼底酥脆，蛋清凝固，蛋黄还在流动，最后把西芹碎撒在比萨上趁热上桌。

小贴士
Tips

1.肉馅可以根据喜好换成瘦羊肉、猪肉、鸡肉等；

2.饼皮可以根据自己的喜好擀得厚一点或者薄一点。

100卡美食
硬派健身
TOUGH
WORKOUT

3
Chapter

216

10 三杯大虾

TOUGH WORKOUT

　　虾是我健身后最喜欢吃的一种食物，它几乎全部是蛋白质，烹饪方便，储存容易，而且怎么做都好吃。

　　其中我觉得最有滋味的，就是南方的三杯虾。据说"三杯虾"的三杯是指一杯酱油、一杯料酒、一杯麻油。但由于训练后要避免吃油脂，以免影响身体的快速吸收和生长激素的分泌，所以训练后吃三杯虾，建议去掉麻油。如果喜欢麻油的滋味，也可以在锅上抹一层麻油，麻油香气比较冲，一点点就能提味。而非训练日做时，可以放心大胆地加一勺麻油进去。

材料
Materials
大虾200克、香葱适量、生抽10克、代糖0.5克、鸡精1克、水10克、料酒5克

100卡美食
硬派健身
TOUGH
WORKOUT

3
Chapter

218

做法
Practice

1.将大虾洗净去虾线备用；

2.不粘锅加热放入大虾；

3.生抽中加入水、料酒、代糖、鸡精搅匀倒入锅中，中火焖煮至熟，关火放入香葱出锅。

11 腐皮春卷

我们在"平时吃"的部分介绍过春日气息满满的越南春卷，这里也要介绍下咱们自己的春卷。

下面这道腐皮春卷就非常好，馅料可以调制得非常健康，同时腐皮和肉都有优质的蛋白质。虽然传统的腐皮春卷是炸出来的，更香更脆，不过健康版本的用少油煎制，也同样能达到让腐皮酥脆的目的，还能减少大量的油脂摄入。

100卡美食
硬派健身
TOUGH
WORKOUT

3
Chapter

220

材料
Materials

瘦肉丝100克、胡萝卜丝50克、豆芽50克、木耳30克、葱姜蒜碎适量、豆腐皮2张、生抽5克、料酒3克、花椒粉2克、淀粉3克、水10克、鸡精2克

做法
Practice

1.将瘦肉丝用料酒、生抽、花椒粉、鸡精腌制5分钟；

2.木耳切丝、豆芽洗净备用；

3.热锅薄油将葱姜蒜爆香，放入肉丝翻炒变色，加入胡萝卜丝、木耳、豆芽、生抽等继续翻炒至熟；

4.将豆腐皮切成方块，将馅料包进去，淀粉加水做封口黏合；

100卡美食

硬派健身
TOUGH
WORKOUT

3
Chapter

222

5.不粘锅喷薄油，中小火煎春卷3分钟，出锅。

12 石锅拌饭

　　拌饭算是韩国最朴实、最具特色的平民美食了。传说拌饭的起源是百姓在农忙的时候，没时间做饭，就把各种菜和饭放在一起，加点辣酱拌着吃，省时省事儿。（用多种蔬菜和主食一起做出美味的方法，其实在各国的饮食文化中都有，取材方便随意，做法简单美味。）

　　另外，最初的拌饭并不是放在石锅中的，后来发现把拌饭放在石锅里加热，冬天吃起来倍儿爽！热乎乎的，味道更好，还不用担心饭会变冷。（石锅有很好的保温效果，而且，还有锅巴！）

　　韩国的拌饭讲究"五行五脏五色"，蔬菜、肉、蛋、饭组成一碗，颜色漂亮，营养也非常丰富。不过，韩国普通人家日常的拌饭对食材没那么严苛，一般冰箱里有什么吃的，加上特色辣酱拌一拌，就是无敌美味了！

材料
Materials
瘦肉丝50克、胡萝卜丝20克、豆芽20克、油麦菜20克、香菇2朵、鸡蛋1个、葱姜蒜末适量、花椒粉2克、料酒5克、生抽3克、韩国辣酱10克

做法
Practice

1.油麦菜、香菇洗净切丝备用；
2.瘦肉丝加料酒、生抽、花椒粉腌制10分钟；

3.热锅爆香葱姜蒜末，放入肉丝、香菇丝炒至变色，随后加入胡萝卜丝、豆芽、油麦菜，翻炒至熟；

100卡美食
硬派健身
TOUGH
WORKOUT

3
Chapter

226

4.将蒸好的米饭放入石锅，码上蔬菜在火上加热，直到发出嗞嗞声；

5.摆上煎鸡蛋上桌，吃的时候拌入辣酱搅匀。

小贴士
Tips

1.如果想省事儿，可以将所有食材过水后直接码在米饭上拌酱吃；

2.不粘锅煎蛋不用油的小方法：将鸡蛋放进锅里小火煎成形，倒入一小杯水，盖上锅盖小火焖熟即可。

13 蟹肉玉米饼

TOUGH WORKOUT

100卡美食

硬派健身
TOUGH
WORKOUT

3
Chapter

228

　　健身美食最重要的是什么？蛋白质、碳水化合物、脂肪的营养搭配合理？热量比较低？有大量维生素和矿物质？

　　你说还有些隐藏条件？方便做？能储存？颜值高，能发朋友圈？

　　如果是这样，那还有比这道蟹肉玉米饼更符合上述条件的菜肴吗？五彩缤纷，颜值爆表，有蔬菜，有海鲜，还有粗粮。一次还可以做很多放到冰箱里面冷冻，非常方便（从冰箱里拿出来吃的时候，往煎锅里一放，加点水盖上盖子即可，这样可以更柔软）。

材料
Materials

蟹肉罐头50克、玉米30克、青豆30克、胡萝卜30克、全麦面粉50克、鸡蛋1个、水100毫升、盐2克、胡椒粉0.8克、鸡精1克

做法
Practice

1.将玉米、青豆洗净，胡萝卜切丁，蟹肉切块，全部拌在一起；

2.在混合好的蟹肉蔬菜中加入全麦面粉、鸡蛋、水、盐、胡椒粉、鸡精，搅拌均匀；

3.热不粘锅，把蟹肉玉米糊摊成饼状，小火煎熟。

100卡美食
硬派健身
TOUGH
WORKOUT

3
Chapter

230

14 墨西哥藜米饭

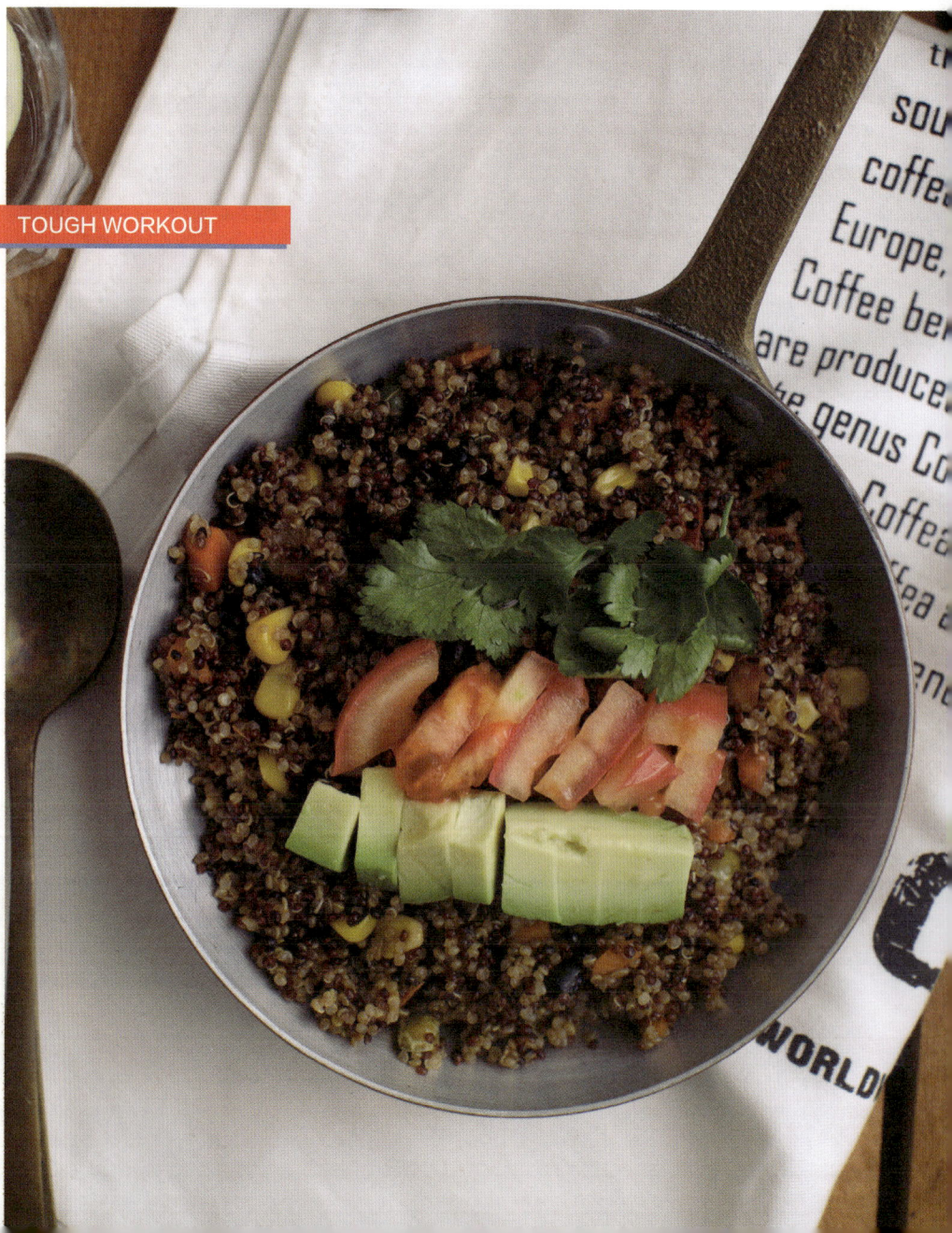

TOUGH WORKOUT

藜米，古印加文明中的"粮食之母"，现代时髦界的"素食之王"，世界养分学家眼里的远古"超级谷物"，NASA（美国国家航空和航天局）选定的宇航员食物，培育前史约有7000年……

这两年，藜米在国内美食达人圈里是越来越火：素食者爱它营养全面（藜麦作为植物却含有动物界才具有的完全蛋白，富含人体必需的8种氨基酸），健身达人爱它低卡饱腹，拍摄达人爱它造型拗得好，尝过鲜的爱它口感Q弹……

藜米也的确是很不错的健康食材：糖分、碳水化合物和升糖指数极低，饱腹感强，说白了就是能吃饱又不会胖，因而是许多健身教练力荐的完美主食替代品。据传天后碧昂斯也曾凭借它成功减重50斤！

既然做洋气的食物，就要用洋气的烹饪方式，这道墨西哥藜米饭我用了南美当地的一些食材，包括番茄、玉米、牛油果等等。大家也可以开发自己的藜米食谱。

材料 *Materials*

藜米100克、番茄1个、玉米粒50克、黑豆30克、青豆30克、胡萝卜丁30克、牛油果1个、香菜适量、盐1克、生抽5克、黑胡椒2克、鸡精适量、孜然粉4克

100卡美食
硬派健身
TOUGH
WORKOUT

3
Chapter

232

做法
Practice

1.黑豆提前一天泡好煮熟，番茄洗净切小丁，牛油果剖开，去皮去核切小丁，藜米洗净备用；

2.不粘锅烧热喷薄油，放入番茄丁、玉米、胡萝卜丁、青豆、黑豆翻炒均匀；

3.加入藜米和适量水（水能泡到所有食材就行，不用太多），所有食材翻炒均匀，盖上锅盖小火焖20分钟；

100卡美食

硬派健身
TOUGH
WORKOUT

3
Chapter

234

4.加入盐、孜然粉、生抽、鸡精调味，出锅前将香菜拌进去；

5.装盘，在饭上摆上牛油果丁和番茄丁，撒上黑胡椒粉，开吃。

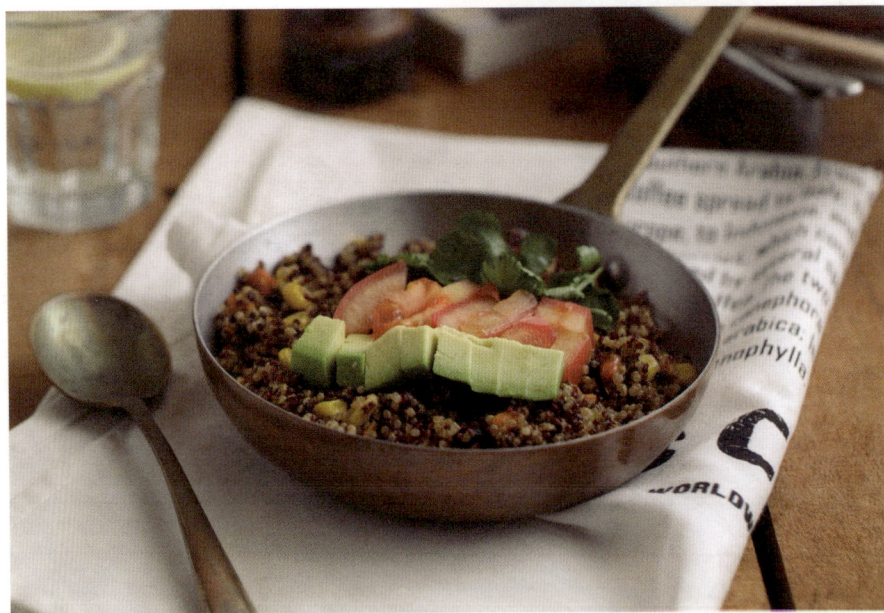

小贴士
Tips

1.黑豆比较难熟，最好提前泡好煮好备用；

2.想偷懒的话可以直接购买熟黑豆和熟玉米，最好买无糖的，如果有糖，可以清水冲洗后使用；

3.如果不喜欢豆类和玉米，可以替换成别的蔬菜。

三、
随便吃

Eat whatever you like

TOUGH WORKOUT

100卡美食
硬派健身
TOUGH
WORKOUT

3
Chapter

236

1 超低脂沙拉酱

TOUGH WORKOUT

很多人可能都经历过明明每天只吃沙拉，一段时间后体重却不降反增了。别怀疑，大多数沙拉本来就不算什么特别健康的食物。

原因是沙拉里的沙拉酱、蛋黄酱等，油脂含量很高，一顿沙拉里的蛋黄酱（拌一斤左右菜，一般要放三四勺酱）有300~500大卡热量，快要赶上一顿正餐了！而且这些热量几乎全来自脂肪！

如果想要做吃了不胖又美味的沙拉，那么就要先从改善、降低酱料的热量下手。

很多人说可以不要酱光吃菜啊，但我非常不推荐降低生活品质、牺牲人生乐趣来减肥。所以下面要介绍给大家的，都是我自己感觉比较美味的低热量酱料，而且还很有营养。

100卡美食
硬派健身
TOUGH
WORKOUT

3
Chapter

238

豆腐酱

材料
Materials

内酯豆腐50克、洋葱8克、蒜2瓣、番茄30克、生抽5克、味醂5克、鸡精1克

做法
Practice

1.将洋葱、蒜、番茄切碎放进搅拌机，再倒入内酯豆腐；

2.将生抽、味醂、鸡精倒进搅拌机；

3.用搅拌机将所有食材搅拌均匀即可。

小贴士 Tips

1.如果没有味醂，可以用白醋和代糖调制；

2.洋葱和蒜的比例根据喜好可以增减，喜欢口味重一点的可以适当增加，不喜欢的也可以不放；

3.番茄的酸甜加上豆腐的醇香，这款酱汁的味道与千岛酱十分相似，但热量却低了不止一点点！

自制蛋黄酱

材料
Materials

熟蛋黄2个、黑胡椒1克、生抽3克、脱脂牛奶20毫升

做法
Practice

1.将熟蛋黄放入搅拌机；
2.将脱脂牛奶、生抽、黑胡椒放入搅拌机；

3.将所有食材搅拌均匀即可。

小贴士
Tips

也可以用全蛋制作微熟蛋沙拉酱。具体做法是：开小火用水煮鸡蛋，煮到微微凝固状态，然后把微熟蛋和上述调料打成浓稠状即可。

牛油果酸奶酱

材料 Materials

食材：牛油果1个、洋葱5克、无糖脱脂酸奶100毫升（含代糖）、柠檬半个

调料：生抽5克、黑胡椒2克

做法 Practice

1.牛油果去皮去核，切小块，洋葱切碎备用；

2.把牛油果、洋葱、酸奶、生抽、黑胡椒分别放入搅拌机；

100卡美食

硬派健身
TOUGH
WORKOUT

3
Chapter

242

3.挤少量柠檬汁，防止牛油果氧化变色，然后将所有食材搅拌均匀。

小贴士
Tips

1.这道牛油果酱为咸口，也可以只用牛油果和酸奶搅拌做成甜口，可根据自己的喜好随意制作；

2.无糖脱脂酸奶可以用自己做的，如实在没有，普通酸奶也可以。

2 牛奶咖啡布丁

100卡美食

硬派健身
TOUGH
WORKOUT

3
Chapter

244

市面上最火热的美容口服液，应数各种"胶原蛋白液"了。据说常喝能让皮肤年轻无皱纹，而且还Q弹润滑。当然，这"美容圣品"价格自然不菲，一小瓶就卖几十块甚至上百块！

不过，你知道吗？下面要教大家做的这道布丁，以及市面上很多小孩子吃的果冻、糕点慕斯的原料吉利丁，也都是100%的胶原蛋白呢！二十块钱的吉利丁原粉就有几百克，能吃撑你！要是吃胶原蛋白有用，那也不用天天买口服液了，天天吃布丁就能拥有最好的肌肤！

但实际上，你吃下去的胶原蛋白，根本不可能被身体直接利用！

有人说了，身体不是可以自己通过氨基酸来合成蛋白质吗？那我先吃胶原蛋白，等被分解成氨基酸后，让它再合成人体所需的胶原蛋白不就可以了？

呵呵，蛋白质的合成可没你想的那么简单，简单说，要以DNA为模板，RNA为"转录"工具，氨基酸为"原材料"，在各种酶的作用下合成各种功能的蛋白质（高中生物知识）。

所以你又怎么能确定，身体里的那些氨基酸，就能那么配合地合成你想要的胶原蛋白，还能补充到你的小脸蛋上呢？

也就是说，吃胶原蛋白对美容，其实是没任何特殊作用的！不过胶原蛋白的食物版本——吉利丁，价格低，热量低，平时用它做布丁、果冻、慕斯，又方便又简单。虽然不美容，但是它低卡美味啊！

材料
Materials

脱脂奶粉25克、咖啡粉3克、白开水200毫升、吉利丁5克、香草精1~2滴、代糖0.1克

做法
Practice

1.凉白开冲脱脂奶粉与咖啡粉，将吉利丁放进冲好的牛奶里，放一点代糖和香草精，搅匀，等半小时，让吉利丁吸水；

100卡美食

硬派健身
TOUGH
WORKOUT

3
Chapter

246

2.布丁液隔水加热3分钟，让吉利丁更好地跟水融合；

3.搅匀，放到冰箱冷藏1小时，等布丁凝固即可。

3 美味鸭脖

TOUGH WORKOUT

鸭脖是个好东西啊，从营养成分来看，基本不含脂肪和碳水化合物，而且高蛋白、低热量、低GI，具备了健康美食的所有标准，非常适合作为零食。

此外，鸭脖的结构比较复杂，吃起来相当耗时，慢慢啃，吃上半天也吃不出太多肉，完全满足大家说的好吃不发胖还可以吃很久的需求。

不过有人可能要说了，那去买外面现成的鸭脖不就好了，为什么要那么麻

100卡美食

硬派健身
TOUGH
WORKOUT

3
Chapter

248

烦，自己专门做呢？

　　首先，因为性价比高啊！外面买的鸭脖一斤就要近50元，自己做的鸭脖原料一斤才10元，整整5倍啊，同学们！

　　其次，也是最重要的，因为热量更低更健康！虽然酱鸭脖这种做法本身不会添加太多油脂，但大家发现没，外售的酱汁类食品吃起来总是特别咸，其中的盐除了用来调味外，还有防腐的作用，可以增加食物的保质期。但过量摄入盐是非常容易导致高血压、肥胖和其他健康问题的！所以自己在家烹饪，控制盐分更健康，做上几斤，看电视、看电脑时啃一啃，高蛋白又健康，再美不过了！

材料
Materials

鸭脖250克、葱50克、姜20克、蒜5瓣、八角1个、桂皮1段、香叶2片、干辣椒3个、花椒5克、丁香1克、生抽15毫升、老抽5毫升、料酒10毫升、盐1克、代糖0.5克

做法
Practice

1.鸭脖洗净，过一遍沸水去浮沫，继续煮1分钟后捞出沥干；

2.所有香料、葱、姜、蒜、老抽、生抽、料酒、盐、代糖倒进高压锅，将鸭脖放进去，加水没过鸭脖，高压锅上气后小火卤制20分钟，至鸭脖熟烂即可。

100卡美食

硬派健身
TOUGH
WORKOUT

3
Chapter

250

小贴士
Tips

1.没有高压锅的同学也可以用普通的煮锅煮40分钟到1小时；

2.鸭脖煮好后放在卤水里泡一夜，会更加入味。

4 香甜爆米花

近几年，中国电影发展呈井喷之势，大家平日里也都会约上三五好友（闺密、男友、女友、"肌友"等等）去电影院看电影。

不过在电影院，只看电影怎么够呢？除了眼睛要享受视觉盛宴，嘴巴也不能亏待，怎么少得了爆米花？！香香甜甜，不要太美味哟！

但是，电影院卖的爆米花热量高得惊人！奶香味来自黄油，而甜味则是因为

100卡美食
硬派健身
TOUGH
WORKOUT

3
Chapter

252

放了大量的糖，这不就是让你胖得彻底的糖油组合吗？特别是看电影的时候，注意力还被分散，不知不觉就会吃很多很多……

　　难道这爆米花也不能吃？那看电影岂不是少了很多乐趣？当然不是，外面卖的不能吃，咱自己在家做嘛！自己做的无糖无油，热量自然没那么高，随便吃也不用慌。

材料
Materials

干玉米粒100克、视口味可选择代糖或椒盐等

做法
Practice

1.提前把干玉米粒淘洗干净，沥水晾干；

2.炒锅里加入干玉米粒，盖上盖子，大火烧1分钟左右，听到噼里啪啦的声音后，转小火；

3.双手晃锅，保持锅内玉米粒一直在翻动，持续三四分钟，当声音差不多没有了，再打开锅盖，一锅玉米粒变成了脆糯的爆米花；

4.立刻撒入代糖，翻炒均匀，关火，无油无糖却又香又甜的爆米花出锅咯。

小贴士
Tips

1.用普通的炒锅或平底锅就可以，锅子壁厚的话更好，这样受热会比较均匀；

2.开始听到噼里啪啦的声音后，千万不要打开锅盖，保持一直晃动锅子，防止爆米花焦煳；

3.干玉米粒最好选择那种专门做爆米花的爆裂玉米，这样爆开的爆米花体积更大。

5 水果宾治

我们之前说过，果汁是健康生活和减肥的大忌。不说市面上贩卖的果汁大多只是白糖加水加添加剂，即使是鲜榨果汁，也抛弃了含有很多矿物质、维生素、纤维素的果渣，只剩下让人胖的糖分。

下面这道水果宾治，用的是整颗果粒，其实跟吃新鲜水果是一样的。水果可以选用自己喜欢的随意更替，因为水果宾治（fruit punch）的"punch"其实就是混合的意思，不必在意种类。

另外，水果宾治做好后可以在冰箱里多放一段时间，这样各种果味会融合得更和谐、更美味。夏天可以用冰过的红茶与苏打水制作冰饮，冬天可以用热茶制作热饮，是一道一年四季皆可饮用的美好饮料。

材料
Materials

梨50克、葡萄3颗、杧果30克、西瓜30克、红茶、无糖苏打水、代糖0.1克

100卡美食
硬派健身
TOUGH
WORKOUT

3
Chapter

256

做法
Practice

1.梨、杧果、西瓜去皮切丁，葡萄洗净待用；

2.将水果放入红茶中；

3.在红茶中加入苏打水、代糖搅拌均匀，多彩美味的水果宾治就做好啦。

100卡美食
硬派健身
TOUGH
WORKOUT

3
Chapter

258

6 关东煮

TOUGH WORKOUT

关东煮是冬天最美好的食物之一。当年7-11便利店在美国一直不温不火，到了日本却迅速壮大，据很多人说就是因为日本的7-11开发了关东煮。

关东煮实际上也相对比较健康，只是日式高汤配上能吸附汤汁味道的菜肴。如果觉得做汤汁麻烦，也可以直接购买关东煮汤包，用汤包直接煮汤，甚至直接用汤块、干贝素等也可以，不过就是没那么讲究。

另外，锅内的食材可以根据自己的喜好添加删减，不过建议尽量选择低脂高蛋白的食材。

材料 *Materials*
鸡蛋、魔芋丝、海带结、冻豆腐、鱿鱼、白萝卜、白菜、冬瓜、金针菇、香菇、木鱼花、海带、干贝、代糖、盐、生抽

100卡美食
硬派健身
TOUGH
WORKOUT

3
Chapter

260

做法
Practice

汤汁部分:

1.锅内倒入1升的清水,把海带、干贝放进去浸20分钟,开小火,煮至沸腾前取出海带;

2.放入木鱼花换成中火,让汤汁沸腾1分钟后转小火再煮5分钟,熄火;

3.过滤汤汁,将木鱼花、干贝滤出;

4.在汤汁中加入代糖、盐、生抽，边调边尝味，觉得汤汁的咸味、鲜味和淡淡的甜味调和得恰到好处时，关东煮的汤汁就做好了。

煮货部分：

1.白萝卜削掉大概3毫米的表皮，横切成厚度2.5厘米的圆片，上锅蒸20~30分钟，至透明后熄火，这样能去掉辛辣味，更容易吸收汤汁的味道；

100卡美食

硬派健身
TOUGH
WORKOUT

3
Chapter

262

2.鸡蛋用水煮熟，剥掉蛋壳备用；

3.白菜、冬瓜、金针菇、香菇、魔芋丝、海带结、冻豆腐、鱿鱼冲洗干净备用；

4.将汤煮沸，所有食材放进汤里煮熟，一锅热气腾腾的关东煮就做好啦，如果味道不够，还可以加入盐或者生抽进行二次调味。

小贴士
Tips

白萝卜不要蒸太长时间，否则过于软烂，会经不起之后的炖煮，蒸好的萝卜要马上放进做好的汤汁中，否则萝卜的水分会流失变干。

7 老北京爆肚

TOUGH WORKOUT

100卡美食

硬派健身
TOUGH
WORKOUT

3
Chapter

264

爆肚真的是一道非常健康的菜：主料是几乎只有蛋白质的牛百叶，烹饪方式只用水涮熟，配料也只有麻酱（吃的量比较少，脂肪也相对健康），随便吃不怕胖。

需要注意的是，爆肚必须要选鲜百叶，水发的不行；不爱吃黑百叶的，也可以选择白百叶，不过口感略有不同，个人觉得白百叶嚼劲稍显不足。

另外，涮爆肚的火候也有说法：有说三上三下的，也有说七上八下的，我个人偏向涮的时间短些有嚼劲，大家也可以多尝试几次，找到最适合自己的口感。

蘸料如果嫌麻烦，可以直接用澥开的芝麻酱或者花生酱加盐制作，喜欢吃辣的也可以放入辣椒。

材料
Materials

鲜百叶250克、葱1段、姜1小块、香菜若干、花椒5克、料酒10克、芝麻酱10克、酱豆腐3克、韭菜花2克、盐0.5克、代糖0.1克、生抽适量

做法
Practice

1.芝麻酱加水澥开，用筷子顺着一个方向搅拌至顺滑，将酱豆腐碾碎，和韭菜花一起放入芝麻酱中拌匀，再根据个人喜好加入适量生抽、盐、代糖、香菜，这样蘸料就做好啦；
2.鲜百叶两面彻底洗净，切丝备用；

3.锅内放足量水烧开，放入花椒、葱、姜和料酒，百叶放在大漏勺内，漏勺内一次不要放入太多百叶，多了容易受热不均，在沸水中三上三下，至百叶微微打卷，有微弱弹性即可出锅，蘸着蘸料就可以吃啦。

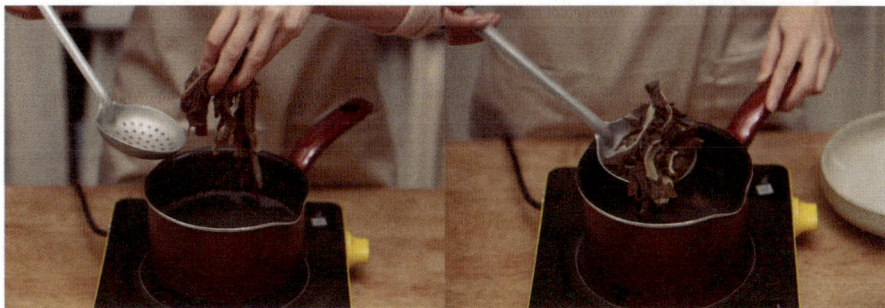

小贴士
Tips

牛百叶由于褶皱较多，比较难清洗，建议多清洗几遍，把百叶翻过来，看到内里部分的白膜干净无杂质即可。

100卡美食
硬派健身
TOUGH
WORKOUT

3
Chapter

266

8 无糖脱脂酸奶

TOUGH WORKOUT

酸奶，越吃越瘦的食物排行榜第一名！

酸奶真的是我心目中对健身减肥最有好处的食物了。不但美味饱腹，还可以有效控制体重增长，帮助减重！

在一项关于生活方式的相关研究中，哈佛大学的科研人员对120877名无慢性疾病且不肥胖的美国男性和女性进行了长达20年的调查访问，每隔4年进行生活方式变化和体重变化之间的关系评估[1]。（研究中涉及的饮食多是我们日常生活中经常吃到的食物，如：薯片、肉类、甜品、奶酪、蔬菜、水果、酸奶、谷物等。）

不同食物对长期体重变化的影响

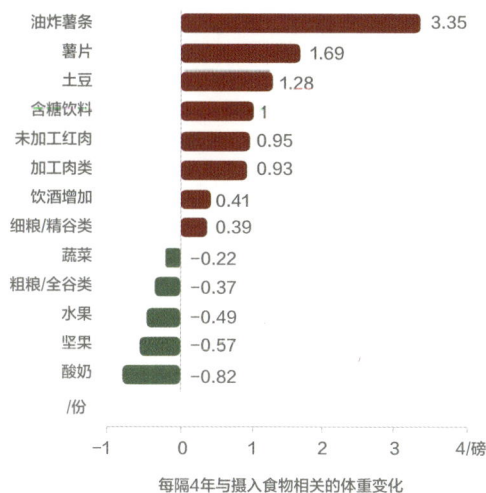

食物	数值
油炸薯条	3.35
薯片	1.69
土豆	1.28
含糖饮料	1
未加工红肉	0.95
加工肉类	0.93
饮酒增加	0.41
细粮/精谷类	0.39
蔬菜	-0.22
粗粮/全谷类	-0.37
水果	-0.49
坚果	-0.57
酸奶	-0.82

/份

-1 0 1 2 3 4/磅

每隔4年与摄入食物相关的体重变化

研究结果表明：特定的饮食与长期体重增长的关系表现出一定的独立相关性。

其中与体重增长相关性最强的是油炸薯条、薯片、土豆和含糖饮料。经常吃油炸薯条导致的体重增长高达3.35磅！

1 Mozaffarian D, Hao T, Rimm E B, et al. Changes in diet and lifestyle and long-term weight gain in women and men. *The New England Journal of Medicine*, 2011, 364(25): 2394-2404.

　　而蔬菜、坚果、粗粮、水果、酸奶则表现出与体重增长明显的负相关。其中数酸奶对控制体重增长和减重的效果最为明显，平均每4年能降低0.82磅左右的体重！

　　酸奶对体重的有效控制，可能和酸奶里的益生菌能有效调节肠胃有关。益生菌可以帮助增加肠道菌群的多样性和肠道菌群的数量，而多样化的肠道菌群能够帮助调节消化过程，从而更有效地预防肥胖和各种健康问题。

　　此外，另一项实验研究了酸奶对小鼠新陈代谢变化的影响。科学家分析研究了小鼠的粪便、尿液、血液等样本，发现相比只摄入盐水的小鼠，摄入酸奶的小鼠虽然肠道微生物成分只产生了细微的变化，但指示新陈代谢特征的指标却出现了巨大的差异，新陈代谢有明显提高[1]。

　　研究人员指出，这可能和酸奶里的益生菌可以在一定程度上阻碍胆汁酸的功能，降低小肠对脂肪的吸收有关。也就是说，益生菌能使小鼠体内对脂肪的吸收变得更少，从而变得更加苗条。

　　所以想要减脂的朋友们，可以把酸奶作为日常饮食的一部分。酸奶低热量、低GI值、高蛋白、钙含量也比较丰富，无论是作为减肥塑形的日常饮食，还是健身后的能量补充，都是不错的选择。

　　不过需要说明的是，前面哈佛大学的实验调查中，美国消费习惯显示，大部分参与者食用的酸奶都是脱脂或低脂的酸奶。

　　而我国市面上常见的酸奶种类虽比较多样，却基本都不是纯粹的原味酸奶。比如加了果粒的甜味酸奶，根据脂肪含量分为低脂或是全脂的酸奶，以及添加了蔗糖的酸奶，等等，这些都会使酸奶的GI值变高，卡路里增加，额外增加不少热量摄入！

　　这时，来一杯自制的脱脂无糖酸奶（想吃甜味的，也可以自己添加代糖，如木糖醇、甜菊糖、阿斯巴甜等，详见本书第二章）会更健康，口感也比市面上卖的更醇厚柔滑，让你享受美味的同时，还越来越瘦！

1 Martin F P, Wang Y, Sprenger N, et al. Probiotic modulation of symbiotic gut microbial-host metabolic interactions in a humanized microbiome mouse model. *Molecular Systems Biology*, 2008,4: 157.

材料
Materials

脱脂奶粉75克，温水500毫升、发酵菌0.5克、代糖少许

做法
Practice

1.将制作酸奶的容器用微波炉高火加热1分钟消毒；

2.将奶粉放入容器中，加入发酵菌，再加入温水搅拌均匀；

100卡美食
硬派健身
TOUGH
WORKOUT

3
Chapter

270

3.将容器的盖子盖好，放进酸奶机中6~12小时即可，制作成功的酸奶呈半凝固状态，洁白光滑，有浓浓的奶香味，尝起来是纯粹的酸奶的酸味；

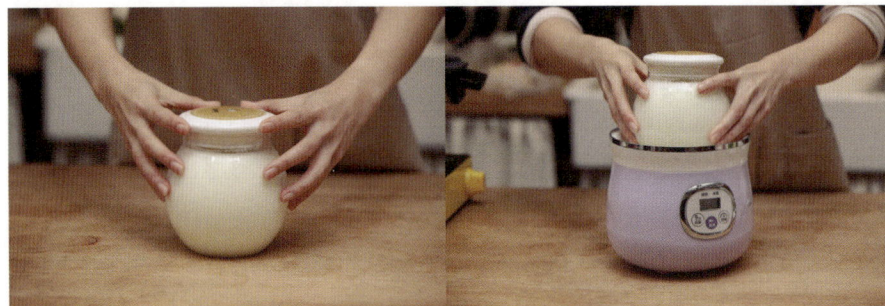

4.如果没有酸奶机，也可以用电饭锅加水
烧至37℃~40℃，把密封碗放到锅里，
保持这个温度发酵6~12小时；
5.食用时可以加入代糖，健康更美味。

小贴士
Tips

1.容器杀菌消毒能消除杂菌，保证酸奶的成功率更高；

2.发酵菌各大超市或网上都可以购买，实在没有发酵菌的，用纯酸奶做发酵引子也可以，一般按照1：10的比例就可以，如1升脱脂牛奶中加入100毫升酸奶做引子；

3.做无糖脱脂的酸奶，应选用脱脂奶粉或脱脂鲜奶，所以用酸奶做菌种，应尽量选无糖低脂的酸奶，乳酸菌饮料可不行；

4.不同季节发酵酸奶的时间不太一样，夏天稍短，要6~7小时，冬天需要8~10小时；

5.如果你在北方，又是冬天，没有酸奶机也没有电饭锅，还可以将发酵容器放在暖气片上，一个晚上就能吃到香喷喷的酸奶啦；

6.自己做的酸奶，上面可能会有淡黄色的透明液体，如果没有奇怪的味道，那是可以正常食用的乳清（乳清蛋白粉就是将乳清干燥后加工而成的），只要重新搅拌均匀，就可以重新形成稳态，看不见乳清析出了；

7.酸奶食用前放进冰箱钝化1个小时会更加美味。

100卡美食
硬派健身
TOUGH
WORKOUT

3
Chapter

272

9 东洋风味健康叻沙

运动后的肌肉酸痛，是阻止很多人养成长期健身习惯的杀手！

不过，很早以前就有人发现，咖喱中的姜黄素，可以起到消毒、杀菌的作用，对于训练后的肌肉酸疼和炎症等也有很好的缓解效果。

Tips

咖喱&姜黄素

咖喱是由多种香料调配而成的酱料，其中姜黄素是咖喱粉中最常见、最重要的成分，赋予了咖喱独特的味道与颜色。

科学家们还专门做了一个相关实验：让14名没有训练经验的青年男子分别在运动前和运动后12小时补充150毫克姜黄素和安慰剂。

姜黄素对运动后肌力减少的缓解作用

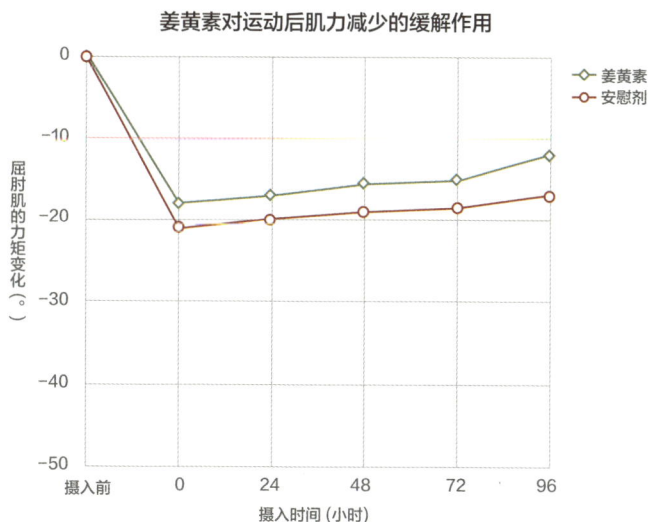

100卡美食

硬派健身
TOUGH
WORKOUT

3
Chapter

274

结果表明：摄入姜黄素组的受试者骨骼肌的损伤程度更小，肌肉恢复程度也更好[1]。

科学家认为，这可能和姜黄素会促进骨骼肌线粒体合成增多，通过sirt1信号通路进行调控[2]，从而起到消炎，并降低组织损伤的作用有关。

所以，担心运动后肌肉酸痛，影响二次运动的同学们，可以选择运动后吃顿咖喱饭，来点姜黄素，这样既补充了蛋白质和碳水化合物，还能降低运动后肌肉酸疼，更好地促进恢复。

不过咖喱虽好，如果在外面吃，商家为了增加咖喱的口感和风味，都会添加不少奶油——不仅热量变高了，运动后吃，还会让你吸收变慢，恢复也慢，还影响肌肉生长。

这时更建议来顿自制的咖喱叻沙或者咖喱饭，保证让你下次训练也元气满满！

材料 Materials

魔芋丝150克、虾仁30克、豆芽40克、生菜20克、熟鸡蛋半个、脱脂奶粉25克、咖喱粉50克、盐3克、生抽2克、代糖0.2克、干辣椒1个、香叶2片、水350毫升

1 Nicol, L. M., Rowlands, D. S., Fazakerly, R., & Kellett, J. Curcumin supplementation likely attenuates delayed onset muscle soreness (DOMS). *European Journal of Applied Physiology*, 2015, 115(8): 1769-1777.

2 Tanabe,Y.,Maeda,S.,Akazawa,N.,Zempo-Miyaki,A.,Choi,Y.,Ra,S. G.,...&Nosaka,K. Attenuation of indirect markers of eccentric exercise-induced muscle damage by curcumin. *European Journal of Applied Physiology*, 2015, 115(9): 1949-1957.

做法
Practice

1.所有食材洗净，虾仁挑虾线备用；

2.脱脂奶粉、咖喱粉加水搅拌均匀备用；

100卡美食

硬派健身
TOUGH
WORKOUT

3
Chapter

276

3.热锅喷薄油，将干辣椒、香叶爆香，倒入奶粉咖喱液，煮沸；

4.加入魔芋丝、生菜、豆芽炖煮，随后加盐、生抽、代糖调味，最后放入虾仁，待虾仁熟后出锅；

5.装盘时放上半个鸡蛋。

**小贴士
Tips**

1.汤底也可以用高汤或浓汤宝调制，使味道更鲜美；

2.食材还可以根据自己的喜好加入豆干或者海鲜，使口感更加丰富；

3.口味重的同学还可以加入辣酱，增加辛辣风味；

4.将咖喱叻沙的调料用水淀粉调稠，淋在饭上，就是一顿简单的海鲜咖喱饭啦。

10 牛奶桃胶

　　桃胶自古就被认为是美容养颜之物。诗经有云：桃之夭夭，灼灼其华。之子于归，宜其室家。意思是当你碰到一位心仪的姑娘时，不妨把这道牛奶桃胶做给她喝。喝完牛奶桃胶颜若桃花，到时她一高兴，你就可以之子于归，宜其室家啦。

　　正经说，桃胶作为天然增稠剂，和牛奶搭配，可以让牛奶的口感变得更稠，别有风味。而且桃胶泡发后量超大，只要一点点就能泡出一大盆，饱腹感也很强。（所以大家做桃胶的时候，一定要控制好用量。）

材料 / Materials

桃胶10克、脱脂奶粉25克、水180毫升、代糖0.1克

做法 / Practice

1.桃胶放碗里加满清水，大约泡12小时，用手捏一下，没有硬芯即可，然后用清水冲洗，去除杂质；

2.清水炖桃胶，小火慢炖，大约20分钟；

3.在炖好的桃胶中加入脱脂奶粉、代糖搅拌均匀，或者捞出桃胶沥干后放入脱脂奶粉中，加代糖调味，开吃。

小贴士
Tips

夏天可以把做好的牛奶桃胶放冰箱里冰镇一下，口感
会更好。

11 香滑单皮奶

没错，下面要教大家做一道单皮奶！估计吃过广式甜品的朋友会奇怪，单皮奶是什么鬼？明明只听说过双皮奶啊。

但实际上，双皮奶的第一层皮是乳脂形成的奶皮，主要就是脂肪。如果去掉那层脂肪奶皮，就是一道只有脱脂奶粉和鸡蛋构成的美味单皮奶啦——蛋白质含量超高，几乎可以替代蛋白粉！

100卡美食
硬派健身
TOUGH
WORKOUT

3
Chapter
282

材料
Materials
脱脂奶粉25克、鸡蛋1个、代糖0.2克、水180毫升、保鲜膜、牙签

做法
Practice

1.将蛋清与蛋黄分离，留蛋清备用；

2.用凉水冲奶粉，搅拌均匀；

3.将蛋清加入牛奶中，加入代糖调味搅匀，分装成两个小碗，在碗上覆盖保鲜膜，用牙签在保鲜膜上扎小洞透气；

4.待锅中水沸后，放入小碗小火蒸10分钟，关火焖10分钟，开吃。

小贴士 Tips

1.蒸好的单皮奶，水会蒸发掉一部分，所以放代糖时可以稍微少放一些；

2.蛋清分离时可以在鸡蛋的一头敲一个小洞，小洞朝下晃，蛋清就流出来啦。

12 手撕香辣牛板筋

TOUGH WORKOUT

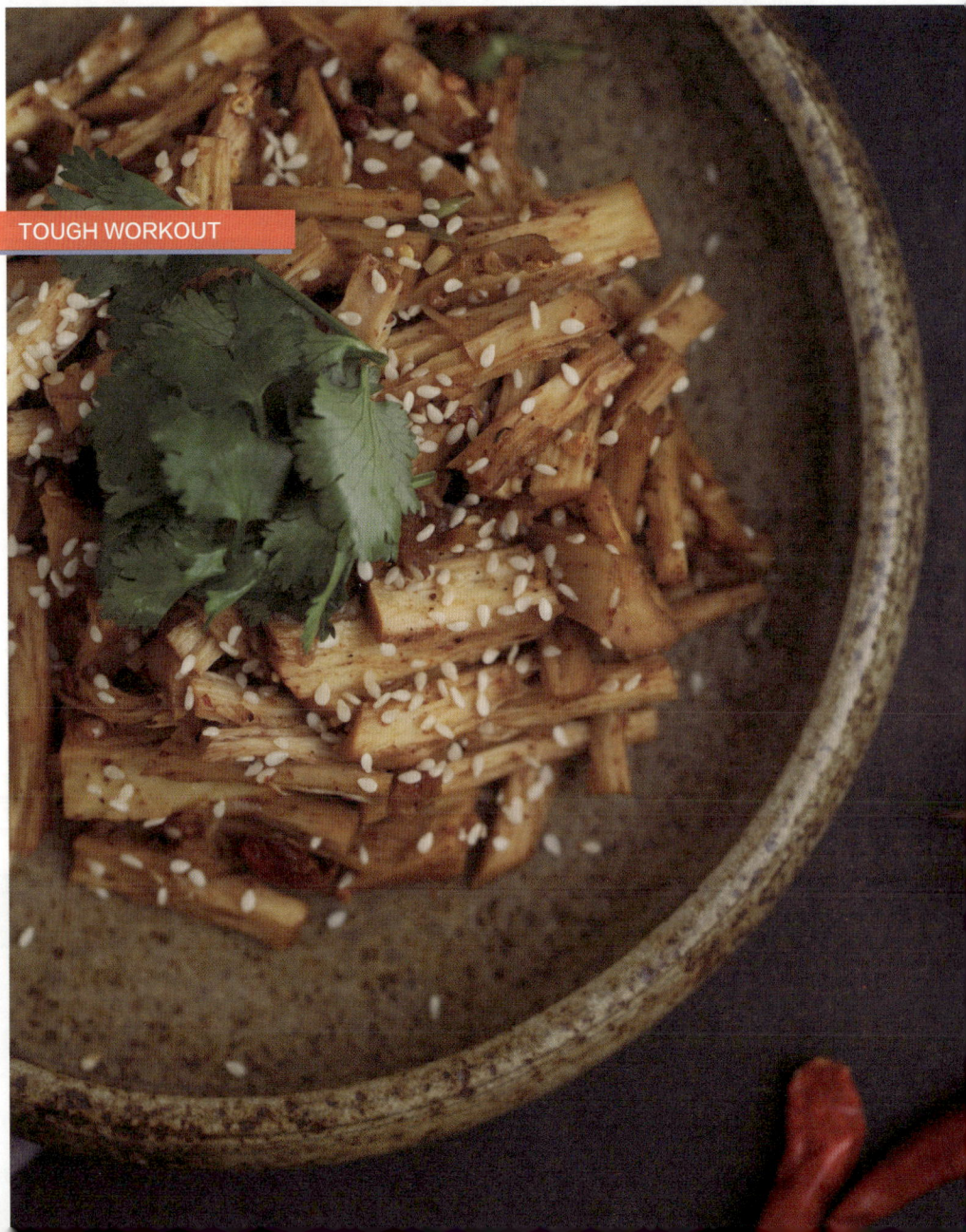

完美零食，要有甜有咸有香有辣的，而且还要耐嚼，能品味很长时间。这道香辣牛板筋就非常不错。

板筋里面几乎都是蛋白质，这道菜总热量只有105大卡/100克，而蛋白质就占了其中一半。看电视看电影的时候，配上一杯水果宾治或者酸梅汤，一口甜的一口香辣的，吃到停不下来还不怕胖。

材料 Materials

牛板筋200克、葱100克、姜1块、蒜5瓣、芝麻10克、花椒、大料、香叶、桂皮、料酒、盐、生抽、辣椒、代糖、鸡精、醋

做法 Practice

1.将牛板筋洗净，放入高压锅内，加花椒5克、大料1个、香叶2片、桂皮1段、料酒10克、生抽10克，代糖、盐、鸡精适量，加水没过板筋，上气后半个小时关火，再焖15分钟；

100卡美食

硬派健身
TOUGH
WORKOUT

3
Chapter

286

2.将压好的板筋撕成丝，撕得细一些更容易入味；

3.少油热锅先爆香花椒、辣椒，再放入香葱、蒜、姜末炒制，放入撕好的板筋丝继续翻炒，最后放盐、生抽、少量醋、代糖、鸡精、芝麻，炒匀，香香辣辣的牛板筋就完成啦。

小贴士 Tips 高压锅压板筋的时候一定不要放盐，不然不容易烂。

13 四季饮品

　　甜饮料是很多朋友的心头好，冬季要喝热热的奶茶、可可，夏天要喝酸梅汤、花茶，还有各种碳酸冰饮。

　　甜饮料好喝归好喝，可里面满满都是糖，绝对是导致你胖的第一元凶。

　　而自己在家做就不一样了，用代糖代替蔗糖，甜蜜不减却没有负担，让你甜甜蜜蜜瘦下来。

浓香热可可

材料
Materials

脱脂无糖可可粉15克、脱脂奶粉25克、肉桂粉0.5克、水180毫升、代糖0.3克

做法
Practice

1.温水中放入可可粉搅拌均匀，微波炉高火加热1分钟，让可可粉更好溶于水；

2.将奶粉倒进可可液中，加入代糖拌匀，最后撒上肉桂粉，浓香热可可就做好啦。

丝滑奶茶

材料 Materials　红茶20克、脱脂奶粉25克、水180毫升、代糖0.3克

做法 Practice

1.冲泡一杯红茶，将茶叶过滤掉，只留茶水；

2.把脱脂奶粉倒入红茶中，加代糖搅拌均匀即可。

洛神花茶

材料 Materials

洛神花20克、玫瑰5克、柠檬1片、水180毫升、代糖0.3克

做法 Practice

1.将所有食材放入锅中浸泡5分钟；

2.浸泡后煮沸放凉，花茶凉到室温时加入代糖即可。

桂花酸梅汤

材料
Materials

乌梅30克、甘草10克、橘皮10克、山楂20克、桂花8克、水350毫升、代糖0.2克

做法
Practice

1.将乌梅、甘草、橘皮、山楂放入锅中，加水浸泡一小时；

2.大火把水烧开，再转小火，慢慢炖半小时左右；

3.最后放入干桂花，放凉后加入适量代糖，冷藏后饮用，或者加冰饮用。

桃子冰绿茶

材料 Materials 水蜜桃1个、柑橘类水果1个、绿茶10克、水250毫升、代糖0.2克

做法 Practice

1.沸水泡绿茶，泡10分钟后在茶水中加入冰块；
2.将水蜜桃、青柠洗净，切成小块放进搅拌机打碎，过滤出果汁备用；

100卡美食
硬派健身
TOUGH
WORKOUT

3
Chapter

294

3.将果汁倒入绿茶中混合，加入代糖，冰爽的蜜桃绿茶就完成啦。

绿茶，不仅是饮料，还能帮你加速燃脂！

如果说西方人爱喝咖啡，那咱们国人相对而言就更爱喝绿茶。

绿茶的确是很不错的饮品，不仅含有30多种多酚类物质（比如儿茶素、黄酮类、酚酸类等），其中高浓度的儿茶素，还可以加速交感神经刺激，帮助你更好地燃脂[1]。

绿茶提取物对体脂率的影响

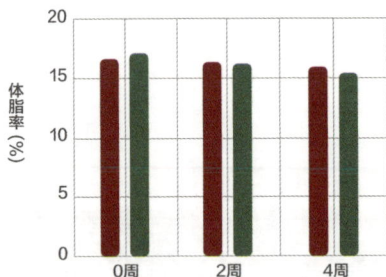

绿茶提取物对脂肪供能比例的影响

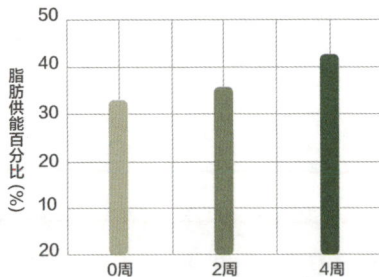

　　一项研究发现，每天补充脱咖啡因绿茶提取物（571 mg）的受试者，4周后脂肪的氧化率增加了24.9%，体脂下降了1.63%[2]。

1 American College of Sports Medicine. ACSM's Guidelines for Exercise Testing and Prescription. *Lippincott Williams & Wilkins*, 2013

2 Roberts, J. D., Roberts, M. G., Tarpey, M. D., Weekes, J. C., & Thomas, C. H. The effect of a decaffeinated green tea extract formula on fat oxidation, body composition and exercise performance. *Journal of the International Society of Sports Nutrition*, 2015, 12(1): 1–9.

简单说，就是喝绿茶可以促进身体对脂肪的利用，让你的燃脂能力更高。

在其他一些研究中，科学家通过给大鼠在运动前后服用绿茶提取物，还发现绿茶可以增加红细胞的抗氧化功能[1]，从而更有助于运动中有氧耐力的提升和身体的健康。

也就是说，有氧运动前来1~2杯绿茶，不仅可以加速燃脂，对提高运动表现也很有好处。

不过训练后就不建议喝绿茶了，训练后一般需要即刻进食，来促进恢复与生长，还要好好补充蛋白质。而绿茶里面的鞣酸，会与食物中的蛋白质结合生成一种块状的、不易消化吸收的鞣酸蛋白，阻碍你的吸收，还让你便秘。

另外，鞣酸还会与铁质结合，影响人体对铁的吸收，可能会让你出现缺铁性贫血的问题。本身就容易贫血的朋友，还是尽量少喝绿茶。女生在大姨妈期间，也要避免喝茶。

男生的话，绿茶带来的最大问题在于可能会降低睾酮浓度。科学家在大鼠实验中发现，绿茶里的儿茶素，会抑制识别睾酮的酶，从而降低睾酮浓度，幅度高达30%[2]。而睾酮是帮你增肌减脂，让你的肌肉"记忆"更好的重要激素，所以男性朋友，请自己权衡选择。

有人问了，绿茶这种饮料，去超市买现成的瓶装绿茶总可以了吧？先不说好喝的绿茶里面添加了大量糖，让你减脂不成反增脂，即使是无糖绿茶，市售的浓度较低，也没什么儿茶素和咖啡因，又贵又没效果。

1 Novozhilov, A. V., Tavrovskaya, T. V., Voitenko, N. G., Maslova, M. N., Goncharov, N. V., & Morozov, V. I. Efficacy of Green Tea Extract in Two Exercise Models. *Bulletin of Experimental Biology and Medicine*, 2015, 158(3): 342–345.

2 Figueiroa, M. S., César Vieira J.S., Leite, D. S., Filho,R.C.Ferreira, F., Gouveia, P. S., Udrisar, D. P., & Wanderley, M. I. Green tea polyphenols inhibit testosterone production in rat Leydig cells. *Asian Journal of Andrology*, 2009, 11(3): 362–370.

14 酸辣粉

　　酸辣粉，很多朋友都很喜欢吃。不过买的酸辣粉主要就是土豆粉+油汤，没什么蛋白质，营养并不均衡。而且碳水化合物+脂肪的组合，还超级容易胖。

　　喜欢吃酸辣粉又怕胖怎么办？可以用魔芋丝+老干妈来做健康版的酸辣粉啊。魔芋丝基本没有什么热量，随便吃不用担心发胖。老干妈这类辣酱则是无数人最喜欢的烹饪配料（甚至是下饭菜）。有人戏称，陶华碧老太太是所有中国男人的梦中情人。

至于老干妈含油量较大的问题，用滤勺装着在水龙头下冲洗，就能去掉辣酱中大多数的油，还能保留其风味，是个少油吃法小技巧。

材料 *Materials*

魔芋丝200克、油麦菜100克、葱20克、蒜3瓣、花椒5克、老干妈20克、郫县豆瓣酱5克、醋10克、生抽5克、鸡精2克、干辣椒2个

做法 *Practice*

1.魔芋丝、油麦菜洗净，葱蒜洗净切碎备用；

2.老干妈、郫县豆瓣酱过水备用；

100卡美食

硬派健身
TOUGH
WORKOUT

3
Chapter

298

3.热锅喷凉油爆香花椒、干辣椒，放入葱蒜碎继续炒香，倒入老干妈和郫县豆瓣酱翻炒1分钟，倒入500毫升水，随后放入魔芋丝；

4.待锅中水沸腾，放入生抽、鸡精调味，放入油麦菜，菜熟后出锅前放醋。

15 葱香苏打饼

100卡美食
硬派健身
TOUGH
WORKOUT

3
Chapter

300

小苏打，也叫食用碱（即碳酸氢钠$NaHCO_3$，溶于水，呈弱碱性），一般是作为食品制作过程中的膨松剂。当我们做饼干、糕点这些面点主食时，添加一些小苏打会让食物更酥脆、更蓬松，口感提升不止一点点。

然而，小苏打的功效可不止于此。

大家知道，短时间剧烈运动中，身体内体液的酸碱水平的确和运动耐力密切相关。科学家发现，如果在运动前摄入小苏打，可以中和部分运动中上升的血乳酸含量，降低血乳酸水平，从而提高乳酸阈值，有氧耐力会更好[1]。

小苏打的摄入对血液酸碱度的影响

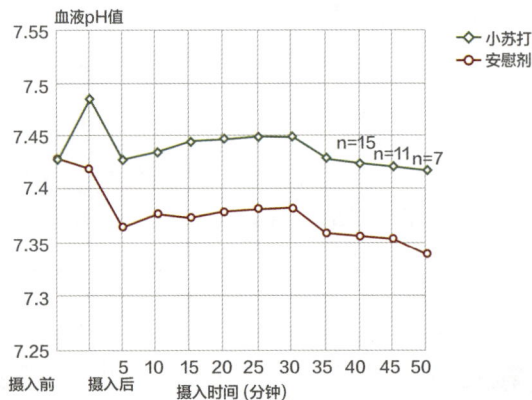

一项研究对比了足球运动员在间歇性耐力测试前，分别补充6毫克/千克体重的咖啡因和0.4克/千克体重的小苏打，结果表明，小苏打对运动表现的提升效果最明显[2]。

1 Egger, F., Meyer, T., Such, U., & Hecksteden, A. Effects of sodium bicarbonate on high-intensity endurance performance in cyclists: a double-blind, randomized cross-over trial. *PloS One*, 2014, 9(12): e114729.
2 Marriott, M., Krustrup, P., & Mohr, M. Ergogenic effects of caffeine and sodium bicarbonate supplementation on intermittent exercise performance preceded by intense arm cranking exercise. *Journal of the International Society of Sports Nutrition*, 2015, 12(13): 1-8.

小苏打的摄入对运动表现的影响

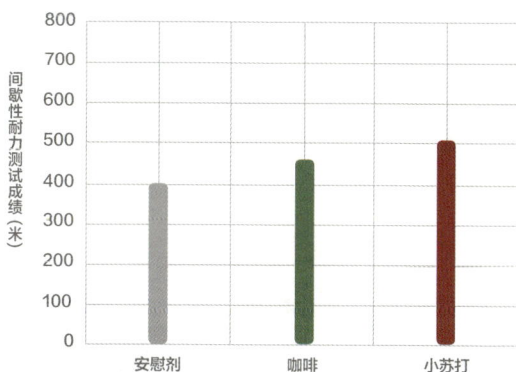

也就是说，运动前适量摄入含有小苏打的食物，比如苏打饼干什么的，对提高运动表现会更有帮助。

有人可能会问，那直接吃商场里卖的苏打饼干可不可以呢？

市售的苏打饼干，里面的小苏打含量比盐还少，脂肪倒是满满的。而运动前摄入脂肪，可是会大大影响你的运动效果的（详见本书训前、训后的饮食摄入建议）。而且现在市场上卖的苏打饼干，有一些甚至使用了部分氢化的植物油，也就是反式脂肪，对人体有很大害处。所以自己做苏打饼干就很适合啦。

材料
Materials

全麦面粉100克、脱脂奶粉15克、香葱碎10克、水50毫升左右、酵母1克、小苏打0.5克、盐1克、保鲜膜

100卡美食
硬派健身
TOUGH
WORKOUT

3
Chapter

302

做法
Practice

1.温水加酵母搅拌均匀；

2.面粉、脱脂奶粉、盐、小苏打混合均匀，再加入
酵母液揉成面团；

3.香葱碎沥干后加入面团，充分揉匀，使香葱碎混
合于面团中，盖上保鲜膜，室温发酵20~30分钟；

4.在案板上撒少许面粉防粘，将发好的面团放在案板上，擀成薄片；

5.将擀好的面片四周不规则的部分切掉，用刀将面片切成小方块，用叉子在面片上均匀地扎出小孔，以防止面片膨胀；

6.烤箱预热180 ℃，上下火烘烤3分钟左右，至饼干表面金黄，放至完全冷却时食用。

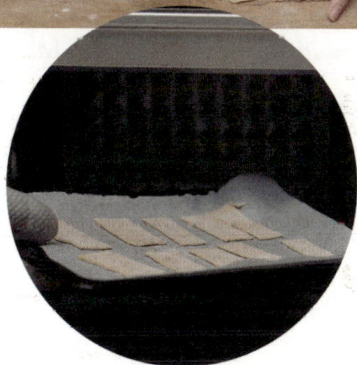

图书在版编目（CIP）数据

硬派健身.100卡美食 / 斌卡著 . — 长沙 : 湖南文艺出版社 , 2019.11
ISBN 978-7-5404-9328-8

Ⅰ.①硬… Ⅱ.①斌… Ⅲ.①健身运动—基本知识② 健身运动—食谱 Ⅳ.① G883 ② TS972.161

中国版本图书馆 CIP 数据核字（2019）第 138313 号

上架建议：畅销·运动健身

YINGPAI JIANSHEN. 100 KA MEISHI

硬派健身 . 100 卡美食

作　　者：斌　卡
出 版 人：曾赛丰
责任编辑：薛　健　刘诗哲
监　　制：毛闽峰　李　娜
特约策划：沈可成　张　璐
特约编辑：王　静
营销编辑：吴　思　霍　静　刘　珣
封面设计：熊　琼
版式设计：利　锐
出　　版：湖南文艺出版社
　　　　　（长沙市雨花区东二环一段 508 号　邮编：410014）
网　　址：www.hnwy.net
印　　刷：雅迪云印（天津）科技有限公司
经　　销：新华书店
开　　本：787mm×1092mm　1/16
字　　数：261 千字
印　　张：19.5
版　　次：2019 年 11 月第 1 版
印　　次：2019 年 11 月第 1 次印刷
书　　号：ISBN 978-7-5404-9328-8
定　　价：68.00 元

若有质量问题，请致电质量监督电话：010-59096394
团购电话：010-59320018